LOS LIBROS DE LA BIBLIA

A TU ALCANCE

I0895687

PATMOS

Los libros de la Biblia, a tu alcance

Publicado por Editorial Patmos
Miami, FL 33166

Publicado originalmente en inglés por Rose Publishing, LLC, 140 Summit Street, Peabody, Massachusetts 01961-3473, USA, con el título *Books of the Bible Made Easy*.

Diseño de portada y diagrama por Cristalle Kishi
Adaptación del diseño al español por Adrián Romano
Fotos e ilustraciones provistas por Shutterstock.com
Traducido y editado por Grupo Scribere

ISBN: 978-1-58802-963-8

Impreso en Brasil | *Printed in Brazil*

CONTENIDO

EPÍSTOLAS

Epístolas de Pablo

Epístolas generales

EL ANTIGUO TESTAMENTO

Libros del Antiguo Testamento

El Antiguo Testamento está formado por treinta y nueve libros, que se dividen en cuatro secciones principales.

PENTATEUCO	LIBROS HISTÓRICOS	LIBROS POÉTICOS Y SAPIENCIALES
Génesis	Josué	Job
Éxodo	Jueces	Salmos
Levítico	Rut	Proverbios
Números	1 Samuel	Eclesiastés
Deuteronomio	2 Samuel	Cantares
	1 Reyes	
	2 Reyes	
	1 Crónicas	
	2 Crónicas	
	Esdras	
	Nehemías	
	Ester	

LIBROS PROFÉTICOS		
Profetas mayores:	***Profetas menores:***	
Isaías	Oseas	Nahúm
Jeremías	Joel	Habacuc
Lamentaciones	Amós	Sofonías
Ezequiel	Abdías	Hageo
Daniel	Jonás	Zacarías
	Miqueas	Malaquías

El Pentateuco

¿Qué es el Pentateuco?

El Pentateuco está formado por los cinco primeros libros de la Biblia: Génesis, Éxodo, Levítico, Números y Deuteronomio.

- La palabra Pentateuco proviene de la palabra griega que significa «cinco rollos».
- En hebreo, estos libros se conocen como la Torá, que significa «ley» o «instrucción».
- Son las instrucciones de Dios para una nación que estaba aprendiendo a ser Su pueblo.

Estos cinco libros establecen la base del resto de la Biblia. Ellos explican:

- El origen del universo, de las naciones y del pueblo de Dios.
- La necesidad de la intervención directa de Dios en la historia humana: el pecado del ser humano.
- Cómo Dios actúa en la vida de Su pueblo.

Figuras principales

- ***Dios:*** Dios es el foco central del Pentateuco. Cada historia revela algo de Dios, Su carácter, o cómo Él obra.
- ***Abraham:*** El llamamiento de Abraham muestra la iniciativa de Dios de rescatar a la humanidad del pecado y la muerte.
- ***Israel:*** Dios decidió ejecutar Su plan de salvación en y a través de Israel, un pueblo escogido.
- ***Moisés:*** La vida de Moisés estuvo ligada a la vida del pueblo de Dios y a Dios mismo.
- ***La tierra prometida:*** La tierra es la representación concreta de las promesas de Dios a Abraham. La relación de los israelitas con la tierra se vuelve un tema constante en el Pentateuco y más allá.

LIBRO	ENFOQUE
GÉNESIS	■ Orígenes del mundo ■ Orígenes de las naciones ■ Orígenes del pueblo de Dios
ÉXODO	■ El pueblo de Dios y su origen como nación ■ Organización de los israelitas para convertirse en el pueblo de Dios
LEVÍTICO	■ Preparación del pueblo para convertirse en la nación santa de Dios ■ El corazón de la Torá (Pentateuco) es la santidad
NÚMEROS	■ Organización del pueblo de Dios como Su ejército ■ De camino a reclamar la tierra prometida ■ Muerte de la primera generación ■ Nacimiento de la nueva generación
DEUTERONOMIO	■ Instrucciones de Dios para la nueva generación ■ Instrucciones de Dios para una generación a la entrada de la tierra prometida ■ Fundación de la identidad del pueblo de Dios basada en el pacto

Antiguo Oriente Medio

GÉNESIS

LOS ORÍGENES DE LA CREACIÓN, LAS NACIONES Y LOS ISRAELITAS

ESCRITO c. 1446–1406 a.C. por Moisés

PROPÓSITO Mostrar que Dios es soberano y ama Su creación.

RESUMEN El Libro de Génesis es un libro de orígenes: la buena creación del mundo, el inicio de los problemas humanos, y el comienzo de la solución de Dios a esos problemas. Las historias en Génesis revelan relaciones profundamente quebrantadas: separación entre Dios y Su creación; rivalidades entre los miembros de la familia; y violencia entre los grupos de personas. Sin embargo, también vemos a Dios comenzando a restaurar el quebrantamiento al escoger una familia, la familia de Abraham, y guiarla y rescatarla a lo largo del camino.

BOSQUEJO

- El origen del mundo (1–2)
- El origen de las naciones (3–10)
- El origen de los israelitas (11–50)

JESÚS EN GÉNESIS Como un libro de orígenes, Génesis muestra el origen de la situación más difícil de la humanidad: el pecado. También muestra que la misericordia de Dios prometió Su propia solución a este dilema. «Pondré enemistad entre tú y la mujer, y entre tu simiente y la de ella; su simiente te aplastará la cabeza, pero tú le morderás el talón» (Gén. 3:15). La promesa de Dios apunta a Su solución perfecta y definitiva para el estado caído de la humanidad: Jesús, el propio Hijo de Dios.

VERSÍCULO CLAVE

El Señor le dijo a Abraham: «Estableceré mi pacto contigo y con tu descendencia, como pacto perpetuo» —Génesis 17:7.

ÉXODO

DIOS LIBERA A LOS ISRAELITAS DE LA ESCLAVITUD EN EGIPTO

ESCRITO c.1446–1406 a.C. por Moisés

PROPÓSITO Mostrar la fidelidad de Dios al pacto y a ofrecerle a Israel la guía para vivir una vida santa.

RESUMEN El Libro de Éxodo relata la historia del pueblo de Dios en su transición de la esclavitud a la libertad. Dios escoge a un hombre llamado Moisés para sacar a los israelitas (hebreos) de la esclavitud en Egipto y guiarlos al desierto donde pueden adorar a Dios. El Dios de Israel demuestra ser el único Dios verdadero al desafiar a los dioses falsos de Egipto. En el monte Sinaí, Dios le da instrucciones a Su pueblo para que vivan como una comunidad de personas santas.

BOSQUEJO

- Israel en Egipto (1–15)
- Israel de camino hacia Sinaí (15–18)
- Israel en Sinaí (19–40)

JESÚS EN ÉXODO El ministerio de Moisés como juez, sacerdote y profeta anticipaba el propio ministerio de Jesús (Heb. 3:1–6). La celebración y el sacrificio de la Pascua (Ex. 12) nos ayuda a entender el sacrificio de Cristo en la cruz a nuestro favor. En el éxodo, Dios liberó a Israel de la esclavitud de Faraón con grandes hechos de poder. Ahora Dios nos ha liberado de la esclavitud del pecado y de la muerte con el mayor acto de gracia y poder: la muerte y la resurrección de Jesús.

VERSÍCULO CLAVE

«Yo soy el que soy, respondió Dios a Moisés. Y esto es lo que tienes que decirles a los israelitas: "Yo soy me ha enviado a ustedes"» —Éxodo 3:14.

LEVÍTICO

LEY Y SACRIFICIO

ESCRITO c. 1446–1406 a.C. por Moisés

PROPÓSITO Instruir a Israel en cómo ser santos y una bendición para otros.

RESUMEN El Libro de Levítico enseña a los israelitas cómo vivir en la presencia de un Dios santo. Es una lista detallada de instrucciones para los sacerdotes, los rituales de purificación, y cómo hacer expiación por los pecados del pueblo. La expiación hecha por medio de sacrificios en Levítico prefigura el propio sacrificio de Jesús en la cruz, el cual hace expiación por nuestros pecados en el día de hoy.

BOSQUEJO

- Sacrificio (1–7)
- Sacerdocio (8–10)
- Lo limpio y lo inmundo (11–15)
- Día de la expiación (16)
- Leyes para la vida diaria (17–27)

JESÚS EN LEVÍTICO Dios instruía a Su pueblo desde el tabernáculo. El tabernáculo, donde la presencia de Dios habitaba, era el lugar de revelación. En él, Dios mostraba Su gloria y Su voluntad para Su pueblo. Cristo es la revelación perfecta de Dios (Heb. 1:1–2; Col. 1:15). Jesús mismo vino al mundo como ser humano para «ser un tabernáculo» (habitar) entre nosotros (Juan 1:14) porque Él es Dios. Jesús cumplió todos los requisitos de la ley (Mat. 5:17), y fue el sacrificio perfecto que hace que todos los demás sacrificios sean innecesarios.

VERSÍCULO CLAVE

«Conságrense a mí, y sean santos, porque yo soy el Señor su Dios» —Levítico 20:7.

NÚMEROS

CENSO E HISTORIA DE LOS ISRAELITAS EN EL DESIERTO

ESCRITO c. 1446–1406 a.C. por Moisés

PROPÓSITO Recordarle al pueblo las consecuencias de rebelarse contra Dios.

RESUMEN El Libro de Números es una historia de rebelión y desobediencia junto a la gracia y la misericordia de Dios. El libro narra los cuarenta años que los israelitas pasaron en el desierto. Dios castiga a Su pueblo cuando se rebela, pero los preserva y extiende Su gracia a la próxima generación, quienes entrarían a la tierra que Él les había prometido.

BOSQUEJO

- Primer censo y leyes (1–9)
- Jornadas desde Sinaí a Canaán (10–12)
- Los espías y la rebelión (13–25)
- Segundo censo (26)
- Los israelitas en Moab (27–36)

JESÚS EN NÚMEROS La gracia de Dios extendida a una nueva generación, un tema importante en Números, se repite en el Nuevo Testamento. Así como Moisés había caracterizado a la generación de israelitas que murieron en el desierto como «perversa» (Deut. 1:35), posteriormente Jesús caracterizó a Su generación como «malvada y adúltera» (Mat. 12:39; 16:4). Y así como en Números, la gracia de Dios alcanzó a la siguiente generación.

VERSÍCULO CLAVE

«El Señor te bendiga y te guarde; el Señor te mire con agrado y te extienda Su amor» —Números 6:24–25.

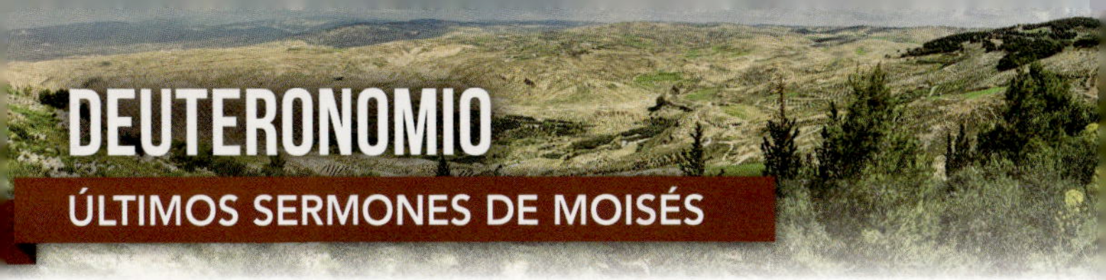

DEUTERONOMIO

ÚLTIMOS SERMONES DE MOISÉS

ESCRITO c. 1446–1406 a.C. por Moisés

PROPÓSITO Recordarles a aquellos que entrarían a la tierra prometida lo que Dios espera de ellos.

RESUMEN Después de cuarenta años en el desierto, el pueblo llega a Moab, a la frontera de la tierra prometida. El Libro de Deuteronomio es una serie de discursos que Moisés dio en las llanuras de Moab para retar a la nueva generación a encontrar su identidad y propósito en su pacto con Dios.

BOSQUEJO

- Sermón 1: Repaso del viaje (1–4)
- Sermón 2: Las leyes (5–28)
- Sermón 3: El pacto (29–30)
- Despedida y muerte de Moisés (31–34)

JESÚS EN DEUTERONOMIO La gloria que anhelamos será revelada cuando Jesús regrese. Mientras tanto, continuamos entrenando y «avanzando hacia la meta para ganar el premio que Dios ofrece mediante Su llamamiento celestial en Cristo Jesús» (Fil. 3:14).

VERSÍCULO CLAVE

«Escucha, Israel: El Señor nuestro Dios es el único Señor. Ama al Señor tu Dios con todo tu corazón y con toda tu alma y con todas tus fuerzas» —Deuteronomio 6:4–5.

¿Qué son los libros históricos?

Estos libros (desde Josué hasta Ester) relatan la experiencia histórica de los israelitas con la tierra prometida, unos con otros, y lo más importante, con su Dios.

Esta segunda sección de la Biblia comienza donde el Pentateuco termina.

- Moisés había muerto en el monte Nebo, justo fuera de la tierra prometida.
- Los israelitas están al borde de la tierra prometida.
- Josué ha sido escogido para guiar al pueblo.

Eventos principales

Los libros históricos abarcan la historia de Israel desde el tiempo de la conquista (alrededor de los años 1400 a.C.) hasta el tiempo de Esdras y Nehemías (alrededor de los años 400 a.C.). En ese tiempo:

- Israel cambió de ser un grupo poco organizado de doce tribus a un reino unido bajo el gobierno de David y Salomón.
- Después de la muerte de Salomón, el reino se dividió en dos: Israel en el norte y Judá en el sur.
- Los reinos del norte y del sur tuvieron muchos reyes que hicieron lo malo ante los ojos de Dios. Como castigo por la infidelidad de Israel y Judá hacia Dios:
  - El reino del norte fue conquistado por los asirios y forzado a ir al exilio en el año 722 a.C.
  - El reino del sur fue conquistado por los babilonios y forzado a ir al exilio en el año 586 a.C.

En los años 400 a.C., Dios restauró un remanente de Su pueblo en Babilonia. Esdras el sacerdote y Nehemías el gobernador regresaron con ellos. Reorganizaron la vida religiosa y política del pueblo en Jerusalén.

JOSUÉ

HISTORIA DE LA CONQUISTA DE LA TIERRA PROMETIDA

ESCRITO c. 1300 a.C. por un autor anónimo (probablemente Josué o Samuel)

PROPÓSITO Asegurarle al pueblo que la obediencia a Dios es recompensada.

RESUMEN El Libro de Josué es la historia de cómo Dios llevó a Su pueblo a la tierra que les había prometido y les dio reposo.

BOSQUEJO

- Conquista de la tierra (1–12)
- División de la tierra entre las tribus de Israel (13–22)
- Discurso de despedida de Josué (23–24)

JESÚS EN JOSUÉ El nombre Josué está relacionado con la palabra hebrea *yehoshua*, que significa «El Señor [*Yahweh*] es salvación», o «El Señor [*Yahweh*] da la victoria». Su nombre inicial fue Oseas (Núm. 13:8, 16), que significa «salvación». Moisés le cambió su nombre y le puso Josué. La forma griega del nombre Josué es Jesús. Jesús es la victoria de Dios sobre el pecado y la muerte. En Jesús, los cristianos son más que vencedores (Rom. 8:37).

VERSÍCULO CLAVE

«Solamente esfuérzate y sé muy valiente, para cuidar de hacer conforme a toda la ley que mi siervo Moisés te mandó; no te apartes de ella ni a diestra ni a siniestra, para que seas prosperado en todas las cosas que emprendas»
—Josué 1:7, RVR1960.

JUECES

CICLOS DE PECADO Y LIBERACIÓN EN LA TIERRA PROMETIDA

ESCRITO c. 1350–1000 a.C. por un autor anónimo (probablemente Samuel)

PROPÓSITO Enfatizar la importancia de permanecer fieles a Dios.

RESUMEN Después que las tribus de Israel se establecieron en la tierra prometida, comenzaron un rápido descenso moral y espiritual. Pero incluso en tiempos en que dieron la espalda a Dios y sufrieron las consecuencias, Él siempre estuvo lleno de compasión y misericordia. Cuando el pueblo clamaba a Dios, Él levantaba líderes (llamados jueces) para liberar a Su pueblo de la opresión y les daba un período de paz. Sin embargo, después de un tiempo, el pueblo comenzaba a hacer el mal una vez más, y el ciclo se repetía.

JESÚS EN JUECES Los jueces fueron libertadores que Dios levantó cuando el pueblo los necesitaba. Jesús es la solución de Dios a los problemas del pecado, la opresión, el sufrimiento, y el mal. Su obra es definitiva y rotunda, aunque aún estamos en espera del cumplimiento final de las promesas de Dios.

BOSQUEJO

- Razones del fracaso (1–2)
- Los jueces (3–16)
- Días de anarquía (17–21)

VERSÍCULO CLAVE

«En aquella época no había rey en Israel; cada uno hacía lo que le parecía mejor» —Jueces 21:25.

LOS JUECES

JUEZ	REFERENCIA	TRIBU	OPRESORES
OTONIEL	3:7-11	Judá	mesopotámicos
AOD	3:12-30	Benjamín	moabitas
SAMGAR	3:31	Desconocida	filisteos
DÉBORA	capítulos 4-5	Efraín	cananeos
GEDEÓN	capítulos 6-8	Manasés	madianitas
TOLA	10:1-2	Isacar	desconocido
YAÍR	10:3-5	Manasés (Galaad)	desconocido
JEFTÉ	10:6-12:7	Manasés (Galaad)	filisteos y amonitas
IBSÁN	12:8-10	Judá	desconocido
ELÓN	12:11-12	Zabulón	desconocido
ABDÓN	12:13-15	Efraín	desconocido
SANSÓN	capítulos 13-16	Dan	filisteos

RUT

LA HISTORIA DE UNA EXTRANJERA FIEL

ESCRITO c. 1350–1000 a.C. por un autor anónimo (probablemente Samuel)

PROPÓSITO Demostrar la fidelidad y la bondad que Dios desea para nosotros.

RESUMEN La historia de Rut ocurre durante la época de los jueces, un tiempo de decadencia moral y espiritual. Tanto Noemí (una israelita) como su nuera Rut (una moabita) quedan viudas y caen en la pobreza. Noemí regresa de Moab a Belén, y Rut, en fidelidad a Noemí, va con ella, haciendo del Dios de Noemí su propio Dios. En Belén, Rut, «una mujer virtuosa» (3:11, RVR1960), conoce a Booz, un hombre lleno de bondad. Booz, quien es pariente de Noemí, acepta el papel de pariente redentor, se casa con Rut y redime la tierra de Noemí.

BOSQUEJO

- Noemí regresa a Belén con Rut (1)
- Rut conoce a Booz (2)
- Rut busca a Booz para que sea el pariente redentor (3)
- Booz se casa con Rut (4)

JESÚS EN RUT La idea de un redentor es importante cuando pensamos en Jesús. Jesús nos redime de nuestro estado caído y despreciable. De manera más directa, Rut y Booz son ancestros de Jesús nuestro Salvador, el mayor pariente redentor (Mat. 1:5).

VERSÍCULO CLAVE

«Pero Rut respondió: "¡No insistas en que te abandone o en que me separe de ti! Porque iré adonde tú vayas, y viviré donde tú vivas. Tu pueblo será mi pueblo, y tu Dios será mi Dios"» —Rut 1:16.

Personajes en el libro de Rut

NOMBRE	SIGNIFICADO	DESCRIPCIÓN
ELIMÉLEC	«mi Dios es rey»	Esposo de Noemí, quien trasladó a su familia de Belén a Moab por causa del hambre. Murió en Moab, dejando a Noemí viuda.
NOEMÍ	«llena de placer»	Esposa de Elimélec, quien cambió su nombre por Mara, que significa «amargura» después que su esposo e hijos murieron.
MAJLÓN	«tierno» pero también «enfermizo»	Hijo de Elimélec y Noemí. Se casó con Rut. Murió en Moab.
QUILIÓN	«perfección» y también «destrucción»	Hijo de Elimélec y Noemí. Se casó con Orfa. Murió en Moab.
ORFA	«cuello»	Esposa de Quilión, el hijo de Noemí y Elimelec.
RUT	«fraternizar» y también «consolar»	Aunque era moabita, Rut se volvió «amiga» del pueblo de Dios, y un «consuelo» para su suegra Noemí.
BOOZ	«en quien hay fuerza»	Booz seguramente demostró gran fuerza de carácter y convicciones al asumir la responsabilidad de otra persona (el pariente más cercano) para con Noemí.
OBED	«siervo» o «adorador»	Obed fue el hijo de Booz y Rut, padre de Isaí, y abuelo de David.

1 y 2 SAMUEL

DIOS ES REY, PERO NOSOTROS QUEREMOS UN REY HUMANO

ESCRITO c. 1100–931 a.C. por un autor anónimo

PROPÓSITO
1 Samuel: Registrar cómo Israel obtuvo rey.
2 Samuel: Registrar las victorias y los fracasos del rey David.

RESUMEN Estos Libros llevan el nombre de Samuel, el profeta y último juez de Israel. El primer Libro muestra la mano de Dios en la historia durante la transición de los jueces a través del reinado del primer rey de Israel. Dios escoge a Saúl como rey, pero luego lo rechaza porque él no obedece las instrucciones de Dios. Entonces Dios elige a un joven pastor llamado David para que guíe a Su pueblo.

En el segundo Libro se ilustra tanto las bendiciones de Dios a la fidelidad como las consecuencias desastrosas del pecado. Aunque escogido y bendecido por Dios, el rey David olvida que Dios es el rey supremo. Después de cometer adulterio con Betsabé y asesinar a su esposo Urías, la violencia familiar y la rebelión nacional pronto aparecen. Sin embargo, también vemos la misericordia de Dios al perdonar a David cuando este se arrepiente.

BOSQUEJO

1 Samuel
- Samuel (1–7)
- Saúl (8–15)
- David (16–31)

2 Samuel
- Reinado de David en Judá (1–4)
- Reinado de David sobre Israel (5–10)
- Pecado de David y contienda familiar (11–24)

JESÚS EN SAMUEL

Jesús está presente en el Libro de Samuel de diversas maneras:

Samuel, cuya función como profeta, juez y sacerdote anticipaba la obra de Jesús durante Su ministerio terrenal.

Saúl, fue la respuesta de Dios a la petición del pueblo de tener rey. El fracaso de Saúl contrasta de forma abrupta con la victoria de Jesús. Jesús es la respuesta de Dios a la mayor necesidad de la humanidad: un redentor.

David. El pacto de Dios con David anticipaba la venida de un Mesías. Este Mesías unificaría al pueblo de Dios, traería verdadera paz al mundo, y establecería el reino de Dios en toda la tierra.

La Biblia hebrea contiene solo un Libro de Samuel. Cuando se tradujo el Libro al griego (la Septuaginta), el texto traducido era muy largo. Para que quedara mejor en los rollos, los traductores de la Septuaginta decidieron dividir el Libro de Samuel en dos partes. Originalmente, Samuel se conocía como 1 y 2 Reyes, y Reyes se conocía como 3 y 4 Reyes.

VERSÍCULO CLAVES

«Samuel respondió: "¿Qué le agrada más al Señor: que se le ofrezcan holocaustos y sacrificios, o que se obedezca lo que Él dice? El obedecer vale más que el sacrificio, y el prestar atención, más que la grasa de carneros"» —1 Samuel 15:22.

«Yo he estado contigo por dondequiera que has ido, y por ti he aniquilado a todos tus enemigos. Y ahora voy a hacerte tan famoso como los más grandes de la tierra» —2 Samuel 7:9.

1 Y 2 REYES

LOS LÍMITES DEL GOBIERNO HUMANO

ESCRITO c. 561–539 a.C. por un autor anónimo

PROPÓSITO Demostrar el valor de la obediencia a Dios y el peligro de desobedecer.

RESUMEN

Originalmente 1 y 2 Reyes eran un solo libro. El primer Libro de Reyes relata los logros asombrosos del rey Salomón: su gobierno sabio, la terminación del templo en Jerusalén, y la expansión del reino. El Libro también explica sus eventuales fracasos: se casó con muchas mujeres extranjeras y adoró sus dioses. Después de la muerte de Salomón, la guerra civil dividió el reino en dos.

El segundo Libro de Reyes registra la historia de los reyes del reino del norte (Israel) y del reino del sur (Judá). A pesar de las reformas espirituales ocasionales, como las del rey Ezequías y el rey Josías, los pecados de Israel y Judá trajeron como resultado que los reinos fueran conquistados y sus pueblos exiliados por los imperios asirio y babilónico.

BOSQUEJO

1 Reyes

- Reinado de Salomón (1–10)
- División del reino (11–16)
- Ministerio de Elías (17–22)

2 Reyes

- Ministerio de Eliseo (1–8)
- Reyes de Israel y Judá (9–16)
- Caída de Israel (17)
- Ezequías, Josías; caída de Judá (18–25)

JESÚS EN REYES

La promesa de Dios a David de que siempre tendría un descendiente sobre el trono de Israel es la base histórica y teológica para la venida del Mesías, uno que unificaría al pueblo de Dios, redimiéndolos y reconciliándolos con Él. Esta promesa se cumplió en Jesús, el Mesías, quien salva a Israel y al mundo.

VERSÍCULO CLAVES

Salomón le pidió a Dios: «Yo te ruego que le des a tu siervo discernimiento para gobernar a tu pueblo y para distinguir entre el bien y el mal» —1 Reyes 3:9.

«Y en Su presencia [Ezequías] oró así: Señor, Dios de Israel, entronizado sobre los querubines: sólo tú eres el Dios de todos los reinos de la tierra» —2 Reyes 19:15.

Aunque en nuestras Biblias en español hay dos Libros de Reyes, el texto hebreo contiene solo uno. La razón para dividirlo fue puramente práctica. Cuando se tradujo el Libro a la Septuaginta, el texto traducido era demasiado largo. Para que el Libro quedara mejor en los rollos, los traductores decidieron dividir Samuel y Reyes. Originalmente, Samuel se conocía como 1 y 2 Reyes, y Reyes se conocía como 3 y 4 Reyes.

1 Y 2 CRÓNICAS

AÚN EL PUEBLO DE DIOS

ESCRITO c. 450–400 a.C. por un autor anónimo (probablemente Esdras)

PROPÓSITO Animar a los exiliados a regresar a Judá.

RESUMEN

El Libro 1 Crónicas es una historia (o crónica) del reinado de David. Ambos Libros, 1 y 2 Crónicas, fueron escritos por los judíos que regresaron del exilio, muchos siglos después de David, para animarlos a conectarse con su pasado. Su promesa y su esperanza de un Israel restaurado podría encontrarse al recordar lo que Dios hizo en su historia.

El Libro 2 Crónicas relata la historia del rey Salomón hasta la caída de Judá y el decreto que permite a los exiliados regresar a su hogar. Esta historia tiene el propósito de inspirar a las personas a permanecer fieles a Dios como Él ha sido con ellos, y también a advertirles sobre las consecuencias de la complacencia, la rebelión y la idolatría.

BOSQUEJO

1 Crónicas

- Genealogías (1–9)
- Victorias de David (10–20)
- Censo de David (21–27)
- Últimos días de David (28–29)

2 Crónicas

- Rey Salomón (1–9)
- Reyes de Judá (10–35)
- Caída de Judá, exilio y el decreto para regresar a Judá (36)

JESÚS EN CRÓNICAS

En Crónicas, Dios comenzó a cumplir Su promesa de restaurar a Israel al regresarlos del exilio. El final esperanzador anticipa un tiempo que se remonta al reino de David, con Israel una vez más como un pueblo unido en la tierra prometida. En Jesús, Dios mostró Su intención de restaurar la humanidad en su totalidad a través del descendiente de David, el Mesías, el propio Hijo de Dios. Jesús es el cumplimiento de esa antigua promesa de salvar a los seres humanos de la esclavitud del pecado, restaurarlos a una relación con Dios y renovar sus corazones y mentes.

Así como Samuel y Reyes, Crónicas era originalmente un solo Libro. Cuando los traductores judíos hicieron la traducción griega de la Biblia hebrea (la Septuaginta), el Libro era demasiado largo para ajustarse en un rollo. Por razones prácticas, dividieron el Libro en 1 y 2 Crónicas.

VERSÍCULO CLAVES

La promesa de Dios a David: «Al contrario, para siempre lo estableceré en mi casa y en mi reino, y su trono será firme para siempre» —1 Crónicas 17:14.

«Nosotros, en cambio, no hemos abandonado al Señor, porque Él es nuestro Dios» —2 Crónicas 13:10.

ESDRAS

HISTORIA DE LA PRIMERA Y LA SEGUNDA OLEADA DE JUDÍOS QUE REGRESARON A JERUSALÉN

ESCRITO c. 400 a.C. por Esdras

PROPÓSITO Ofrecer un relato del regreso y la restauración de los exiliados.

RESUMEN El Libro de Esdras muestra la fidelidad de Dios a la promesa de restaurar a Su pueblo. Después de pasar décadas en el exilio en Babilonia y Persia, el rey Ciro de Persia permite que los judíos regresen a su tierra. La primera oleada de judíos que regresó fue dirigida por Zorobabel, quien supervisó la reconstrucción del templo en Jerusalén. La segunda oleada fue liderada por Esdras, un escriba y sacerdote de la corte, quien guía a la comunidad en la renovación espiritual.

BOSQUEJO

- Primer regreso dirigido por Zorobabel (1–2)
- Reconstrucción del templo (3–6)
- Segundo regreso dirigido por Esdras (7–8)
- Restauración espiritual (9–10)

JESÚS EN ESDRAS El Libro de Esdras muestra el cumplimiento de las promesas de Dios de restaurar a Israel. Sin embargo, la promesa se cumplió solo de forma parcial. El cumplimiento total de la promesa de Dios ocurre en Jesús.

VERSÍCULO CLAVE

«Dios es bueno; Su gran amor por Israel perdura para siempre» —Esdras 3:11.

NEHEMÍAS

HISTORIA DE LA TERCERA OLEADA DE JUDÍOS QUE REGRESARON A JERUSALÉN

ESCRITO c. 400 a.C. por Esdras

PROPÓSITO Ofrecer un relato del regreso y la restauración de los deportados.

RESUMEN El Libro de Nehemías, que originalmente era uno solo con Esdras, continúa donde Esdras termina. Nehemías es copero de un rey persa que le permite guiar a un grupo de judíos a Jerusalén para reconstruir los muros derrumbados de la ciudad. Esta enorme tarea se completa en solo 52 días a pesar de mucha oposición. Mientras que Esdras dirigió una restauración espiritual, Nehemías dirige una restauración política y física de Jerusalén y sus habitantes.

BOSQUEJO

- Tercer retorno liderado por Nehemías (1–2)
- Reconstrucción de los muros (3)
- Amenazas y persecución (4–7)
- Restauración y dedicación (8–13)

JESÚS EN NEHEMÍAS El libro de Nehemías muestra el cumplimiento de las promesas de Dios de restaurar a Israel. Sin embargo, la promesa se cumplió solo de forma parcial. El cumplimiento total de la promesa de Dios ocurre en Jesús.

VERSÍCULO CLAVE

«No estén tristes, pues el gozo del Señor es nuestra fortaleza» —Nehemías 8:10.

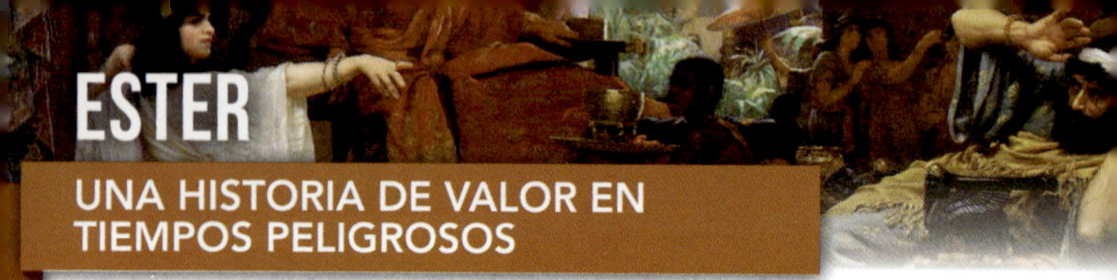

ESTER

UNA HISTORIA DE VALOR EN TIEMPOS PELIGROSOS

ESCRITO c. 400 a.C. por un autor anónimo

PROPÓSITO Demostrar que Dios tiene el control en todas las circunstancias.

RESUMEN El Libro de Ester es la historia de una joven judía lanzada a un mundo de intrigas políticas y juegos de poder en la corte persa de Susa. La historia tiene lugar mientras los judíos estaban en el exilio. Ester se convierte en reina del rey persa Jerjes I (Asuero). Ella toma decisiones valientes para evitar que su pueblo sea asesinado por sus enemigos.

BOSQUEJO

- Ester se convierte en reina (1–2)
- Complot de Amán contra los judíos (3)
- Plan de Ester para proteger a su pueblo (4–6)
- Caída de Amán (7)
- Los judíos se salvan y se establece Purim (8–10)

JESÚS EN ESTER Aunque Dios no se menciona de forma explícita en el Libro, Su presencia es indiscutible a través de toda la historia. En nuestras vidas ocupadas, a menudo andamos como si Jesús no estuviera presente. Sin embargo, como en Ester, Él siempre está presente e interesado en nuestras vidas.

VERSÍCULO CLAVE

Mardoqueo le dijo a la reina Ester: «¡Quién sabe si no has llegado al trono precisamente para un momento como éste!» —Ester 4:14.

Libros Poéticos y Sapienciales

¿Qué son los libros poéticos y sapienciales?

Esta sección está compuesta por cinco libros, cuatro de los cuales están escritos en forma de poesía: Job (en su mayor parte), Salmos, Proverbios y Cantar de los Cantares. Eclesiastés está escrito mayormente en prosa.

La poesía tiene una capacidad única de expresar sentimientos y pensamientos profundos de maneras afectivas y bellas. Por esta razón, la poesía es el instrumento perfecto para la sabiduría.

Los libros poéticos y sapienciales:

- No tratan de forma directa con la vida de Israel en un momento específico en la historia.
- Reflexionan sobre la vida del pueblo de Dios y su relación con Él de una manera más general.
- Tratan cuestiones sobre el sufrimiento humano, la muerte y lo que produce una buena vida.

Los libros poéticos y sapienciales hoy

Estos libros continúan siendo importantes para los cristianos hoy. Sus temas principales moldean los corazones y las mentes del pueblo de Dios.

- Alabanza y oración
- Guía para una vida santa
- Nuestra relación personal con Dios y nuestras relaciones unos con otros.

JOB

UNA HISTORIA DE SUFRIMIENTO Y CONFIANZA

ESCRITO Fecha desconocida y autor anónimo

PROPÓSITO Mostrar la soberanía de Dios e ilustrar la fidelidad en medio del sufrimiento.

RESUMEN Aunque la historia de Job se desarrolla en un lugar desconocido llamado Uz, probablemente en la época de Abraham, sus temas sobre el sufrimiento humano y la sabiduría de Dios son eternos. En la historia, Job es un hombre «recto e intachable» (1:1) a quien la vida se le derrumba. A pesar de su intenso dolor, Job «no pecó ni le echó la culpa a Dios» (1:22). Al final, a Job se le recuerda que Dios es soberano sobre toda la creación.

BOSQUEJO

- Prosa: Job es probado al perderlo todo (1–2)
- Poesía: Diálogos (3–41)
  - Job y sus amigos: Elifaz, Bildad, Zofar (3–31)
  - Discurso de Eliú (32–37)
  - Respuesta de Dios a Job (38–41)
- Prosa: Job es restaurado (42)

JESÚS EN JOB Jesús experimentó la aflicción y puede entender nuestro propio sufrimiento (Heb. 4:15). Confiar en Jesús no nos da todas las respuestas a nuestras dudas e interrogantes, pero nos brinda paz y consuelo en tiempos de sufrimiento.

VERSÍCULO CLAVE

«Yo sé que mi redentor vive, y que al final triunfará sobre la muerte. Y cuando mi piel haya sido destruida, todavía veré a Dios con mis propios ojos» —Job 19:25–26.

SALMOS

UNA COLECCIÓN DE CÁNTICOS POÉTICOS

ESCRITO c. 1000–450 a.C. por David (73 salmos), Asaf (12 salmos), los hijos de Coré (11 salmos), y otros

PROPÓSITO Comunicarse con Dios y adorarlo.

RESUMEN El Libro de Salmos es una colección de cantos (salmos) escritos y compilados durante un largo período de tiempo. Se puede separar en cinco colecciones (libros).

BOSQUEJO

LIBRO	SALMOS	TEMAS
1	1–41	Oraciones de lamento y expresiones de confianza en la salvación de Dios.
2	42–72	La comunidad se lamenta. El libro termina con un salmo real.
3	73–89	Oraciones de lamento y angustia más intensas y desoladas que en los libros 1 y 2.
4	90–106	¡El Señor reina! El libro 4 presenta las respuestas a las aflicciones del libro 3.
5	107–150	Dios tiene el control, es fiel y bueno. Él redimirá a Su pueblo.

JESÚS EN SALMOS Cuando Jesús declaró que toda la Escritura habla de Él, mencionó específicamente los salmos (Luc. 24:44). Los escritores del Nuevo Testamento citan muchos de los textos de los salmos en relación a Jesús como el Mesías prometido.

VERSÍCULO CLAVE «¡Prorrumpa mi boca en alabanzas al Señor! ¡Alabe todo el mundo Su santo nombre, por siempre y para siempre!» —Salmos 145:21.

PROVERBIOS

SABIDURÍA PARA UNA VIDA SANTA

ESCRITO c. 900–700 a.C. por el rey Salomón y otros

PROPÓSITO Adquirir sabiduría e instrucción para una conducta prudente y para hacer el bien (1:1–3).

RESUMEN El Libro de Proverbios invita a los lectores a tomar decisiones radicales entre la sabiduría y la insensatez. Los lectores «escuchan» tanto de la señora Sabiduría como de la señora Insensatez (Necedad). Sus invitaciones se vuelven alternativas entre el camino de la sabiduría que conduce a la vida y el camino de la necedad que lleva a la muerte.

BOSQUEJO

- Invitaciones a escoger la sabiduría o la insensatez (1–9)
- Proverbios de Salomón (10–21)
- Treinta refranes y otras palabras sabias (22–24)
- Dichos de Salomón (25–29)
- Palabras de Agur y Lemuel (30:1–31:9)
- Poema de la mujer virtuosa (31:10–31)

JESÚS EN PROVERBIOS Jesús encarna la sabiduría de Dios (1 Cor. 1:30). «En quien están escondidos todos los tesoros de la sabiduría y del conocimiento» (Col. 2:3).

VERSÍCULO CLAVE

«Confía en el Señor de todo corazón, y no en tu propia inteligencia. Reconócelo en todos tus caminos, y Él allanará tus sendas» —Proverbios 3:5–6.

ECLESIASTÉS

EN BUSCA DE SIGNIFICADO Y VERDAD

ESCRITO c. 971–931 a.C. por el rey Salomón o probablemente por diferentes autores en los años 500 a.C.

PROPÓSITO Examinar en qué consiste una vida con significado.

RESUMEN El autor de Eclesiastés quiere dar sentido a la vida, la sabiduría y la verdad. Al principio, él propone que todo es sin sentido (vanidad). Después de una observación cuidadosa, la búsqueda de todos los placeres mundanos, una evaluación de la sabiduría, y un análisis del propósito de la vida, él concluye que la vida con sentido no se encuentra en la búsqueda de esas trivialidades. Por el contrario, se encuentra en ir en pos de Dios como nuestra primera prioridad, recordar y obedecer a nuestro Creador.

BOSQUEJO

- Nada tiene sentido (1–2)
- Un tiempo para todo (3–5)
- La vida no siempre es justa (6–10)
- Recordar y obedecer a Dios (11–12)

JESÚS EN ECLESIASTÉS El fin de la búsqueda de la verdad y el significado es Jesucristo. Solo al buscar a Cristo y creer en Su muerte y Su resurrección encontraremos justicia, salvación y verdadero significado.

VERSÍCULO CLAVE

«Teme, pues, a Dios y cumple Sus mandamientos, porque esto es todo para el hombre» —Eclesiastés 12:13.

CANTAR DE LOS CANTARES

UNA CANCIÓN DE AMOR

ESCRITO c. 971–931 a.C. por el rey Salomón y probablemente otros hasta los años 500 a.C.

PROPÓSITO Ilustrar el gozo del amor auténtico que se encuentra en el matrimonio.

RESUMEN Cantar de los Cantares es una colección de poemas de amor que declaran el amor y el afecto mutuo entre el amado y su amada. Los poemas están escritos para presentarnos la forma en que deben ser las cosas dentro de una relación de amor donde se ha hecho un pacto.

BOSQUEJO

- Cortejo (1–2)
- Boda (3–4)
- Relación de amor (5–8)

JESÚS EN CANTAR DE LOS CANTARES El apóstol Pablo escribió: «Esposos, amen a sus esposas, así como Cristo amó a la iglesia y se entregó por ella» (Ef. 5:25). La iglesia es la novia de Cristo, y como tal, somos Sus amados y participamos de una relación amorosa, apasionada e íntima con Él. Aunque Cantar de los Cantares no es ante todo una alegoría de nuestra relación con Jesús, es un ejemplo excelente de una relación de amor con nuestro Señor y Salvador.

VERSÍCULO CLAVE

«Yo soy de mi amado, y mi amado es mío; él apacienta su rebaño entre azucenas» —Cantares 6:3.

Libros Proféticos

¿Qué son los libros proféticos?

Los libros proféticos registran los ministerios de los profetas que Dios envió para animar, advertir y guiar a Su pueblo. Estos libros se dividen en dos secciones:

- Los profetas mayores: De Isaías a Daniel
- Los profetas menores: De Oseas a Malaquías (el último libro del Antiguo Testamento)

Estos libros se llaman mayores y menores por causa de su tamaño, desde el más largo (sesenta y seis capítulos en Isaías) hasta el más corto (un solo capítulo en Abdías).

¿Qué es la profecía?

Los profetas bíblicos eran siervos de Dios, llamados especialmente a ser Sus testigos. En el Antiguo Testamento, la profecía era una herramienta que Dios usaba para comunicar Su voluntad a Su pueblo. Dios envió profetas a Su pueblo durante tiempos de crisis, por ejemplo:

- Amenazas militares contra el pueblo de Dios.
- Cuando el pueblo se rebelaba contra la voluntad de Dios.
- Cuando la esperanza parecía perdida.
- Cuando el pueblo necesitaba consuelo en tiempos difíciles.

Los profetas del Antiguo Testamento llevaban la palabra de Dios al pueblo, e intercedían a favor del pueblo ante Dios. Como declara la Escritura: «En verdad, nada hace el Señor omnipotente sin antes revelar Sus designios a Sus siervos los profetas» (Amós 3:7).

Los libros proféticos

NOMBRE	FECHA APRÓXIMADA A.C.	AUDIENCIA
ISAÍAS	735–681	Judá
JEREMÍAS	626–582	Judá
LAMENTACIONES	586	Judá
EZEQUIEL	593–571	Deportados en Babilonia
DANIEL	605–535	Deportados en Babilonia y Persia
OSEAS	752–722	Reino del norte de Israel
JOEL	años 500–400	Judá y las naciones vecinas
AMÓS	760–753	Reino del norte de Israel
ABDÍAS	586	Edom y el pueblo de Judá
JONÁS	783–753	Nínive (capital del Imperio asirio)
MIQUEAS	738–698	Samaria y Jerusalén
NAHÚM	663–612	Nínive (capital del Imperio asirio)
HABACUC	609–598	Todo el pueblo de Dios
SOFONÍAS	641–628	Judá y las naciones vecinas
HAGEO	520	Judá y Jerusalén
ZACARÍAS	520–518	Judá y Jerusalén
MALAQUÍAS	años 400	Jerusalén

	TEMA
	El juicio de Dios y Su salvación
	El juicio de Dios, Su ira y la destrucción de Jerusalén
	Un lamento por la destrucción de Jerusalén
	La presencia de Dios con Su pueblo en el exilio
	La soberanía de Dios y la futura redención
	La infidelidad de Israel a su pacto con Dios
	El gran y terrible día del Señor
	El juicio de Dios sobre Israel por su injusticia y falta de misericordia
	El juicio de Dios sobre Edom
	El juicio de Dios sobre Nínive; sin embargo, la misericordia de Dios se extiende a todos
	Juicio de Dios sobre Israel y Judá por su maldad
	Juicio de Dios sobre Nínive por su crueldad contra el pueblo de Dios
	El juicio, la justicia, el amor y la misericordia de Dios
	Un llamado al arrepentimiento ante el juicio venidero del día del Señor
	Un llamado a reconstruir el templo y un mensaje de esperanza
	Un llamado a reconstruir el templo y un mensaje de gloria futura
	Un llamado a la renovación espiritual

ISAÍAS

JUICIO Y SALVACIÓN

ESCRITO c. 735–681 a.C. por el profeta Isaías

PROPÓSITO Convencer al pueblo de que la salvación es posible a través del arrepentimiento por el pecado y la esperanza en el Mesías venidero.

RESUMEN Con enemigos poderosos por todos lados y la amenaza de guerra, el pueblo de Dios hizo alianzas políticas y militares con naciones paganas con la esperanza de protegerse. Dios comisiona al profeta Isaías a llevar mensajes de juicio inminente si el pueblo de Dios continúa buscando su salvación en la fuerza y los dioses de otras naciones.

BOSQUEJO

- Condenación (1–39)
- Consuelo en el exilio (40–55)
- Esperanza futura (56–66)

JESÚS EN ISAÍAS Jesús es el Mesías prometido, descendiente del rey David (Isa. 11:1–2). En Su muerte y Su resurrección, Jesús inauguró un nuevo reino, el reino de Dios. Cuando Jesús regrese, habrá un cielo nuevo y una tierra nueva (Isa. 65:17–19).

VERSÍCULO CLAVE

«Porque nos ha nacido un niño, se nos ha concedido un hijo; la soberanía reposará sobre sus hombros, y se le darán estos nombres: Consejero admirable, Dios fuerte, Padre eterno, Príncipe de paz» —Isaías 9:6.

JEREMÍAS

JUICIO, IRA Y LLANTO

ESCRITO c. 626–582 a.C. por el profeta Jeremías

PROPÓSITO Advertirle al pueblo de la destrucción y recordarles sus pecados con la esperanza de llevarlos al arrepentimiento.

RESUMEN Jeremías lleva un mensaje de juicio contra el pueblo de Judá. Él espera que el arrepentimiento sincero del pueblo de Dios detenga Su ira.

BOSQUEJO

- Llamamiento de Jeremías y mensaje de juicio (1–10)
- Advertencias de desastre y exilio (11–28)
- Nuevo pacto y restauración (29–39)
- Caída de Jerusalén (40–52)

JESÚS EN JEREMÍAS En Jeremías, se profetiza que el Mesías sería un renuevo justo del linaje de David. En la cena de la Pascua, la noche que Jesús fue traicionado, Él tomó la copa e hizo referencia a Jeremías 31:31 diciendo: «Esta copa es el nuevo pacto en mi sangre, que es derramada por ustedes» (Luc. 22:20). La muerte y la resurrección de Jesús instituyeron el nuevo pacto que Jeremías profetizó.

VERSÍCULO CLAVE

«Porque yo sé muy bien los planes que tengo para ustedes afirma el Señor, planes de bienestar y no de calamidad, a fin de darles un futuro y una esperanza» —Jeremías 29:11.

LAMENTACIONES

POEMA LÚGUBRE (LAMENTO)

ESCRITO c. 586 a.C. por el profeta Jeremías

PROPÓSITO Expresar la desesperanza del pueblo de Judá por la pérdida de su tierra, su ciudad y su templo.

RESUMEN Lamentaciones es un relato presencial de la destrucción de Jerusalén. El sufrimiento expresado en estos poemas revela un profundo arrepentimiento y anhelo por la restauración del pueblo de Dios.

BOSQUEJO

- La tristeza de los cautivos (1)
- Ira con Jerusalén (2)
- Esperanza y misericordia (3)
- Castigo (4)
- Restauración (5)

JESÚS EN LAMENTACIONES ¿Dónde se encuentra Cristo en este libro? En el dolor y el sufrimiento en sí. El lenguaje de los versículos 2:15–16 y 3:15: «Me ha llenado de amargura, me ha saturado de hiel», aparece en la cruz: «Allí le dieron a Jesús vino mezclado con hiel» (Mat. 27:34). ¡Dios conoce nuestro sufrimiento! El lenguaje de Lamentaciones expresa la angustia y la tristeza de Cristo por el pecado y su terrible costo.

VERSÍCULO CLAVE

«Su compasión jamás se agota. Cada mañana se renuevan Sus bondades; ¡muy grande es Su fidelidad!»
—Lamentaciones 3:22–23.

EZEQUIEL

PROFECÍAS Y VISIONES DE LA PRESENCIA DE DIOS

ESCRITO c. 593–571 a.C. por el profeta Ezequiel

PROPÓSITO Llamar al pueblo de Dios en el exilio a ser fiel a Dios, quien aún está entre ellos.

RESUMEN El Libro de Ezequiel hace una pregunta crucial: ¿Está Dios con nosotros o nos ha abandonado? A través de profecías y visiones, Ezequiel comunica el mensaje de Dios, que si los exiliados caminaran humildemente con Dios, entonces Su presencia con ellos sería una fuente de paz, vida y futura restauración.

BOSQUEJO

- Llamamiento de Ezequiel (1–3)
- Próximo cautiverio de Judá (4–24)
- Juicio de otras naciones (25–32)
- Restauración del pueblo de Dios (33–48)

JESÚS EN EZEQUIEL Algunas de las representaciones simbólicas más importantes que Jesús usó para explicar Su ministerio a Sus discípulos vienen del libro de Ezequiel: Jesús es el verdadero templo, el Rey Pastor (Ezequiel 34), y la fuente de aguas vivas (Ezequiel 47:1–2; Juan 4:10–14; 7:38–39).

VERSÍCULO CLAVE

«Les daré un nuevo corazón, y les infundiré un espíritu nuevo; les quitaré ese corazón de piedra que ahora tienen, y les pondré un corazón de carne» —Ezequiel 36:26.

DANIEL

VIDA EN EL EXILIO Y VISIONES DEL FUTURO

ESCRITO c. 605–535 a.C. por el profeta Daniel

PROPÓSITO Convencer a los exiliados de que Dios es soberano y proporcionarles una visión de su futura redención.

RESUMEN La primera parte del libro habla de Daniel y sus amigos en la corte babilónica. Este relato le muestra al pueblo de Dios cómo obedecer en medio de una tierra extraña y hostil. La segunda parte del libro incluye las visiones de Daniel. El propósito de estas visiones es asegurarle al pueblo de Dios que Él está en control.

BOSQUEJO

- Daniel y sus amigos (1–6)
- Las visiones de Daniel (7–12)

JESÚS EN DANIEL La frase «hijo de hombre» es simplemente la forma hebrea de decir ser humano (8:17). Sin embargo, el nombre adquiere un significado especial en Daniel 7:13–14, donde se describe a alguien que cabalga sobre las nubes, a quien se le da un reino eterno, y es adorado. El término se convirtió en un título para referirse al Mesías venidero. Fue el título que Jesús más usó cuando hablaba de Sí mismo.

VERSÍCULO CLAVE

«En los días de estos reyes el Dios del cielo establecerá un reino que jamás será destruido ni entregado a otro pueblo, sino que permanecerá para siempre y hará pedazos a todos estos reinos» —Daniel 2:44.

OSEAS

ADVERTENCIAS A UNA NACIÓN ESPIRITUALMENTE ADÚLTERA

ESCRITO c. 752–722 a.C. por el profeta Oseas

PROPÓSITO Ilustrar el adulterio spiritual de Israel y advertir de destrucción.

RESUMEN Oseas es un profeta que vivió durante el declive y la caída del reino del norte de Israel. Dios le ordena que se case con una mujer adúltera como una ilustración real del amor infalible de Dios hacia el pueblo de Israel, quien estaba siendo infiel a su pacto de amor a Dios.

BOSQUEJO

- Oseas y su esposa infiel (1–3)
- Israel infiel (4–10)
- El amor y la ira de Dios (11–13)
- La esperanza de Israel (14)

JESÚS EN OSEAS Jesús cumplió la profecía de Oseas al redimir a un pueblo que rompió el corazón de Dios con la infidelidad. Jesús liberó al pueblo de Dios de la esclavitud del pecado y de la muerte, a menudo comparada con la esclavitud que los israelitas experimentaron en Egipto. Jesús, el león de Judá, ruge ante Su victoria sobre la tumba, que nos libera de nuestro Egipto y nuestra Asiria, de todos esos lugares en nuestras vidas que nos mantenían cautivos.

VERSÍCULO CLAVE

«Lo que pido de ustedes es amor y no sacrificios, conocimiento de Dios y no holocaustos» —Oseas 6:6.

JOEL

PROFECÍAS SOBRE EL GRAN Y TERRIBLE DÍA DEL SEÑOR

ESCRITO Probablemente c. 500–400 a.C. por el profeta Joel

PROPÓSITO Llamar a Judá al arrepentimiento para evitar el juicio.

RESUMEN Joel advierte al pueblo de Dios del juicio que enfrentarán el día del Señor, pero también de las bendiciones asombrosas que Dios derramará sobre aquellos que presten oído a la palabra del Señor.

BOSQUEJO

- La plaga de langostas (1:1–20)
- El ejército del norte (2:1–27)
- El día del Señor (2:28–3:21)

JESÚS EN JOEL El profeta Joel anticipó el día del Señor como un día grande y terrible. Fue un día de salvación y juicio. Jesús vino al mundo a salvarlo (Juan 3:16), y un día vendrá a juzgarlo (Hech. 10:42; 17:31). El profeta visualizó un solo día por venir. Sin embargo, Jesús está cumpliendo la profecía en dos partes: en Su primera venida hace alrededor de 2000 años, y cuando regrese en poder, gloria y victoria.

VERSÍCULO CLAVE

«Después de esto, derramaré mi Espíritu sobre todo el género humano. Los hijos y las hijas de ustedes profetizarán, tendrán sueños los ancianos y visiones los jóvenes»
—Joel 2:28 (Ver Hechos 2:14–21).

AMÓS

ADVERTENCIAS A UNA SOCIEDAD DESVIADA

ESCRITO c. 760–753 a.C. por el profeta Amós

PROPÓSITO Acusar y juzgar a Israel por su injusticia y su falta de misericordia.

RESUMEN Amós profetiza durante un tiempo de gran prosperidad material y paz. El pueblo se ha vuelto indiferente a Dios, corrompiendo su adoración y tratando a los pobres con injusticia. Amós, un pastor de una pequeña aldea, es enviado por Dios para decirle al pueblo que cambie sus caminos, de lo contrario, enfrentará el juicio de Dios.

BOSQUEJO

- Israel y sus vecinos (1–4)
- Llamado al arrepentimiento (5:1–17)
- Falsa religión, injusticia y orgullo (5:18–6:14)
- Juicio y restauración (7–9)

JESÚS EN AMÓS Jesús hace eco de Amós continuamente. Él comisionó a Sus seguidores a alimentar a los hambrientos, vestir a los desnudos, acoger a los forasteros, atender a los enfermos, y visitar a los encarcelados (Mat. 25:31–46). Jesús también criticó a los líderes religiosos por ofrecer «servicio de labios» a Dios, pero no llevar una vida que en verdad agradara a Dios (Mat. 15:1–20).

VERSÍCULO CLAVE

«Busquen el bien y no el mal, y vivirán; y así estará con ustedes el Señor Dios Todopoderoso, tal como ustedes lo afirman»
—Amós 5:14.

ABDÍAS

VISIÓN CONTRA EDOM

ESCRITO c. 586 a.C. por el profeta Abdías

PROPÓSITO Profetizar contra Edom.

RESUMEN Abdías, el libro más corto del Antiguo Testamento, juzga al pueblo de Edom por su rechazo y su maltrato a los israelitas en Judá. Edom era un reino pequeño al suroeste del Mar Muerto con una larga historia de hostilidad con Israel. A su tiempo, el Imperio babilónico destruyó a Edom.

BOSQUEJO (versículos)

- Juicio de Edom (1–9)
- Violaciones de Edom (10–14)
- Victoria de Israel (15–21)

JESÚS EN ABDÍAS Abdías prometió al pueblo de Judá que Dios mantendría la promesa que le había hecho a Abraham. Su pueblo recibiría redención y su herencia prometida. Jesús cumplió las promesas hechas a Abraham. Aquellos que creen en Jesús reciben redención y su herencia prometida (Col. 1:9–14; Heb. 9:15).

VERSÍCULO CLAVE

«Por la violencia hecha contra tu hermano Jacob [los israelitas], te cubrirá la vergüenza y serás exterminado para siempre» —Abdías 10.

JONÁS

UNA HISTORIA SOBRE LA MISERICORDIA DE DIOS

ESCRITO c. 783–753 a.C. por el profeta Jonás

PROPÓSITO Mostrar que Dios ama a todas las personas.

RESUMEN Se necesita una tormenta, un gran pez, y la búsqueda incesante de Dios a Jonás para hacer que él obedezca el llamado de Dios de profetizar en la malvada y peligrosa ciudad de Nínive. Cuando Jonás por fin va a Nínive, las personas de la ciudad se arrepienten y Dios no envía Su ira. La misericordia de Dios se extiende a todas las personas, incluso a aquellos que parecen estar fuera del alcance de la redención.

BOSQUEJO

- Jonás huye de Dios (1)
- Jonás ora dentro del gran pez (2)
- Jonás profetiza en Nínive (3)
- Jonás se enoja ante la misericordia de Dios (4)

JESÚS EN JONÁS Jesús se comparó a Sí mismo con Jonás (Mat. 12:40–41). Primero, Jonás pasó tres días en el vientre de un gran pez y Jesús pasó tres días en las entrañas de la tierra. Segundo, Jonás predicó el arrepentimiento a los gentiles en Nínive y Dios tuvo misericordia de ellos. Así mismo, el evangelio de Cristo será predicado a los gentiles y ellos también recibirán la gracia y la misericordia de Dios.

VERSÍCULO CLAVE

«... tú eres un Dios bondadoso y compasivo, lento para la ira y lleno de amor...» —Jonás 4:2.

MIQUEAS

UN LLAMADO A BUSCAR LA JUSTICIA, EL AMOR, LA MISERICORDIA, Y A CAMINAR EN HUMILDAD

ESCRITO c. 738–698 a.C. por el profeta Miqueas

PROPÓSITO Advertir al pueblo del juicio de Dios y ofrecer esperanza.

RESUMEN Miqueas profetiza contra los líderes de su pueblo por su injusticia, su ambición y su orgullo. Miqueas anuncia la destrucción de Samaria y Jerusalén, pero también proclama una visión de futura redención y perdón.

BOSQUEJO

- Juicio y liberación (1–5)
- Confesión y restauración (6–7)

JESÚS EN MIQUEAS Miqueas predice el lugar de nacimiento de Jesús en Belén, pero más que eso, esta profecía afirma que este «pastor» conducirá al pueblo de Dios a un reino eterno que llegará hasta los confines de la tierra (Miq. 5:2–4). Cuando el ángel Gabriel anunció el nacimiento de Jesús a María, le dijo que Jesús reinaría sobre el pueblo de Jacob para siempre; y que Su reinado no tendría fin (Luc. 1:33).

VERSÍCULO CLAVE

«¡Ya se te ha declarado lo que es bueno! Ya se te ha dicho lo que de ti espera el Señor: Practicar la justicia, amar la misericordia, y humillarte ante tu Dios» —Miqueas 6:8.

NAHÚM

PROFECÍA SOBRE LA DESTRUCCIÓN DE NÍNIVE

ESCRITO c. 663–612 a.C. por el profeta Nahúm

PROPÓSITO Pronunciar juicio sobre Nínive.

RESUMEN Dios llama a Nahúm para advertir sobre el juicio contra la capital asiria de Nínive por su crueldad e idolatría. Aunque Dios es lento para la ira, Él vengaría a Su pueblo por las atrocidades que Asiria cometió contra ellos. En el año 612 a.C., la profecía de Nahúm se cumplió cuando Asiria cayó ante el Imperio babilónico.

BOSQUEJO

- Misericordia y justicia (1)
- Nínive caerá (2)
- Ay de Nínive (3)

JESÚS EN NAHÚM Dios es un juez severo, pero también es misericordioso. La misericordia de Dios tuvo su máxima expresión con Jesús en la cruz. El apóstol Pablo escribe: «Pues Dios no nos destinó a sufrir el castigo sino a recibir la salvación por medio de nuestro Señor Jesucristo. Él murió por nosotros para que, en la vida o en la muerte, vivamos junto con Él» (1 Tes. 5:9–10).

VERSÍCULO CLAVE

«El Señor es lento para la ira, imponente en Su fuerza. El Señor no deja a nadie sin castigo» —Nahúm 1:3.

HABACUC

EL PROFETA LE PREGUNTA A DIOS SOBRE LA JUSTICIA Y LA MISERICORDIA

ESCRITO c. 609–598 a.C. por el profeta Habacuc

PROPÓSITO Afirmar que los impíos no prevalecerán al final.

RESUMEN Habacuc hace la pregunta: ¿Por qué Dios permite que la gente siga haciendo el mal? Habacuc lucha con la manera en que la ira y la justicia de Dios se relacionan con Su amor y Su misericordia. En la última parte del Libro, Habacuc reconoce que no importa las dudas que tenga, Él sabe que al final Dios siempre hará un juicio justo.

BOSQUEJO

- Primera queja y respuesta (1:1–11)
- Segunda queja y respuesta (1:12–2:20)
- Oración de alabanza (3:1–19)

JESÚS EN HABACUC Habacuc reconoció que Dios finalmente traería justicia y redimiría a Su pueblo (Hab. 3:13). La redención final de Dios se completa en Jesucristo. Por la gracia de Dios, Jesús aplastó la iniquidad. En la cruz, Jesús venció el pecado, la muerte y a Satanás, y ofreció al mundo el amor, la misericordia y la justicia de Dios (Ef. 2:1–10).

VERSÍCULO CLAVE

«Aun así, yo me regocijaré en el Señor, ¡me alegraré en Dios, mi libertador!» —Habacuc 3:18.

SOFONÍAS

ADVERTENCIAS DE JUICIO EN EL DÍA DEL SEÑOR

ESCRITO c. 641–628 a.C. por el profeta Sofonías

PROPÓSITO Motivar a Judá al arrepentimiento.

RESUMEN Sofonías profetiza durante el reinado del rey Josías, el último de los reyes buenos de Judá, quien instituyó reformas espirituales entre el pueblo. Sofonías proclama que la fatalidad del día del Señor será devastadora para Judá y sus vecinos a menos que se arrepientan. Él los apremia a actuar con rapidez.

BOSQUEJO

- El día del Señor (1)
- Juicio sobre Judá y otras naciones (2)
- Un remanente restaurado (3)

JESÚS EN SOFONÍAS El día del Señor es inevitable y, ese día, Dios juzgará a las naciones y hará cielos nuevos y una tierra nueva. Todos los que confiesen a Jesús como su Redentor serán salvos (2 Ped. 3:10-13).

VERSÍCULO CLAVE

«Ya se acerca el gran día del Señor; a toda prisa se acerca. El estruendo del día del Señor será amargo, y aun el más valiente gritará» —Sofonías 1:14.

HAGEO

UN MENSAJE PARA REEDIFICAR EL TEMPLO

ESCRITO c. 520 a.C. por el profeta Hageo

PROPÓSITO Alentar al pueblo para terminar la reconstrucción del templo.

RESUMEN En la época de Hageo, los judíos habían regresado a Jerusalén después de 70 años de exilio. Al principio, comenzaron a edificar el templo con mucho entusiasmo, pero pronto cayeron en apatía. El mensaje de Dios a través de Hageo reta al pueblo a completar la tarea de inmediato porque Dios está con ellos. El templo se completó cuatro años después en el 516 a.C.

BOSQUEJO

- Exhortación a reconstruir el templo (1)
- Exhortación a ser fuertes, santos y benditos (2)

JESÚS EN HAGEO El templo y Zorobabel prefiguraban el ministerio futuro del Mesías venidero. El Mesías sería el deseado de todas las naciones (Hag. 2:6–7, RVR1960), escogido, lleno de autoridad, como un anillo de sello en la mano de Dios. Dios estremecería al mundo una vez más y llenaría Su templo con la gloria de Cristo.

VERSÍCULO CLAVE

«¿Acaso es el momento apropiado para que ustedes residan en casas techadas mientras que esta casa está en ruinas? ¡Reflexionen sobre su proceder!» —Hageo 1:4–5.

ZACARÍAS

VISIONES Y MENSAJES SOBRE EL REINO DEL SEÑOR SOBRE TODOS

ESCRITO c. 520–518 a.C. por el profeta Zacarías

PROPÓSITO Dar esperanza al remanente en Israel.

RESUMEN Zacarías, un profeta de linaje sacerdotal, viajó a Jerusalén desde el exilio con un grupo que regresó bajo el mando de Zorobabel. Junto al profeta Hageo, Zacarías anima al pueblo a reconstruir el templo. Las visiones y los mensajes de esperanza de Zacarías anticipan un tiempo en que el reino de Dios será reconocido en todo el mundo.

BOSQUEJO

- Visiones y mensajes (1–8)
- Profecías contra las naciones (9–14)

JESÚS EN ZACARÍAS El «Renuevo» en Zacarías 3:8 y 6:11–13 es una figura mesiánica que salvará a su pueblo. En Zacarías 6:9–15, el Renuevo se describe como sacerdote y rey. Jesús cumplió las promesas de Dios del Renuevo al ser un Siervo de Dios y nuestro máximo Sumo Sacerdote y Rey.

VERSÍCULO CLAVE

«No será por la fuerza ni por ningún poder, sino por mi Espíritu dice el Señor Todopoderoso» —Zacarías 4:6.

MALAQUÍAS

EL DÍA VENIDERO DEL SEÑOR

ESCRITO c. 400 a.C. por el profeta Malaquías

PROPÓSITO Examinar las acciones de Judá y asegurarse de que Dios tiene la prioridad.

RESUMEN Malaquías llama a la renovación espiritual a un pueblo que en gran parte había renunciado a Dios. El pueblo había regresado del exilio y había completado la reconstrucción del templo, pero las bendiciones que Hageo y Zacarías profetizaron aún estaban por materializarse. El pueblo comenzó a dudar de las bendiciones de Dios. Con seis discursos proféticos, Malaquías insta al pueblo a reconocer su propia infidelidad: al acortar los diezmos, traer sacrificios inaceptables, ignorar la ley de Dios, porque el día de dar cuentas, el día del Señor, viene.

BOSQUEJO

- Seis discursos proféticos (1-3)
- El día del Señor (4)

JESÚS EN MALAQUÍAS En Malaquías, Dios prometió enviar Su mensajero. De hecho, Dios aparecería en el templo. Dios se apareció en Su templo en la persona de Cristo (Juan 2:13–22). Juan el Bautista preparó el camino del Señor, él vino en el espíritu de Elías (Mal. 4:5; Mat. 17:11–13; Luc. 1:13–17). El propósito de Jesús no era solo juzgar sino salvar.

VERSÍCULO CLAVE

«Traigan íntegro el diezmo para los fondos del templo, y así habrá alimento en mi casa. Pruébenme en esto dice el Señor Todopoderoso, y vean si no abro las compuertas del cielo y derramo sobre ustedes bendición hasta que sobreabunde» —Malaquías 3:10.

EL NUEVO TESTAMENTO

Los libros del Nuevo Testamento

El Nuevo Testamento consiste de veintisiete libros. Los cuatro Evangelios narran la vida de Jesús y Hechos relata la historia de los primeros cristianos. Las veintiuna epístolas son cartas de líderes de la iglesia primitiva a iglesias y creyentes. El Libro de Apocalipsis es el único escrito en estilo apocalíptico; en otras palabras, relata su mensaje a través de señales, símbolos, sueños y visiones.

EVANGELIOS Y HECHOS	EPÍSTOLAS Y APOCALIPSIS	
Mateo Marcos Lucas Juan Hechos	***Epístolas de Pablo:*** Romanos 1 Corintios 2 Corintios Gálatas Efesios Filipenses Colosenses 1Tesalonisenses 2Tesalonisenses 1 Timoteo 2 Timoteo Tito Filemón	***Epístolas generales:*** Hebreos Santiago 1 Pedro 2 Pedro 1 Juan 2 Juan 3 Juan Judas Apocalipsis

Tierra Santa: Nuevo Testamento

¿Qué son los Evangelios?

La palabra evangelio viene de la palabra griega *euangelion*, que significa «buenas noticias». Los Evangelios relatan las buenas noticias sobre las acciones y las enseñanzas de Jesús. Las promesas de Dios a Su pueblo en el Antiguo Testamento ahora se cumplen en Jesús. No encontramos solo una historia sobre Jesús, sino que encontramos cuatro: Mateo, Marcos, Lucas y Juan.

Los Evangelios sinópticos y Juan

La palabra sinóptico significa «visto en conjunto». Se refiere a los tres primeros Evangelios: Mateo, Marcos y Lucas. Estos Evangelios a menudo contienen historias relatadas con un lenguaje bastante similar. Sin embargo, el Evangelio de Juan abarca material que los otros escritores no incluyen, y la redacción con frecuencia es diferente.

EVANGELIO	AUDIENCIA	ENFOQUE
MATEO	Una audiencia culturalmente judía	Jesús como el Mesías
MARCOS	Una audiencia culturalmente griega	Jesús como el Hijo del Hombre
LUCAS	Una audiencia gentil	Jesús como el Salvador del mundo
JUAN	Todo el mundo	Jesús como el Hijo de Dios

MATEO

JESÚS, EL MESÍAS PROMETIDO

ESCRITO c. 60 d.C. por Mateo (Leví), un recaudador de impuestos y uno de los doce discípulos de Jesús, a una audiencia judeocristiana

PROPÓSITO Mostrar a Jesús como el Hijo de David, el rey Mesías que cumple la profecía.

RESUMEN Mateo se centra en las muchas maneras en que Jesús cumplió las profecías del Antiguo Testamento y el gran plan de salvación de Dios para Israel y el mundo. La mayoría de los judíos en la época de Jesús esperaban que el Mesías fuera un líder militar que los liberaría de los romanos. Pero Jesús fue un Mesías inesperado. Él sí liberó a las personas, pero no de Roma, sino del pecado y la muerte.

> La palabra *Mesías* se deriva de una palabra hebrea que significa «ungido», como la palabra griega *Cristo*. El término se refería a uno que vendría a gobernar Israel, restaurar el reino de David, y traer paz y prosperidad al pueblo de Dios.

BOSQUEJO

- Preparación del camino (1–4)
- Jesús en Galilea (5–18)
- Últimos días de Jesús en Judea y Jerusalén (19–27)
- Resurrección y gran comisión (28)

VERSÍCULO CLAVE

«Por tanto, vayan y hagan discípulos de todas las naciones, bautizándolos en el nombre del Padre y del Hijo y del Espíritu Santo» —Mateo 28:19 (La gran comisión).

MARCOS

JESÚS, EL HIJO SUFRIENTE DEL HOMBRE

ESCRITO c. 50 d.C. por Juan Marcos, un discípulo de Pedro y amigo de Pablo, a una audiencia cristiana gentil (probablemente romana)

PROPÓSITO Mostrar a Jesús como el Hijo sufriente de Dios enviado para servir y no para ser servido.

> La frase *Hijo del Hombre* expresa la promesa de un rey, uno que vencería las fuerzas del mal y establecería el reino eterno de Dios.

RESUMEN Marcos muestra que las buenas noticias del gobierno de Dios sobre todas las cosas se revelan a través de las enseñanzas y los milagros de Jesús. El Hijo del Hombre, es el agente activo de Dios, Su poder en el mundo, y Su medio para derrotar el pecado, la muerte y al diablo. Sin embargo, Jesús, nuestro rey victorioso, aparece con humildad. Él comparte el sufrimiento que probablemente muchos de la audiencia original de Marcos experimentaban por causa de la persecución a su fe.

BOSQUEJO

- Comienzo del ministerio de Jesús (1)
- Ministerio público de Jesús (2–10)
- En Jerusalén (11–16)

VERSÍCULO CLAVE

«Porque ni aun el Hijo del hombre vino para que le sirvan, sino para servir y para dar Su vida en rescate por muchos»
—Marcos 10:45.

LUCAS

JESÚS, EL SALVADOR DEL MUNDO

ESCRITO c. 60–62 d.C. por Lucas (también autor de Hechos), probablemente médico y gentil, compañero de viaje de Pablo, a una audiencia gentil

PROPÓSITO Mostrar a Jesús como el Salvador del mundo que tiene compasión de todas las personas.

RESUMEN Lucas enfatiza cómo las buenas noticias de Jesús son para todos. También se enfoca en la presencia y el poder del Espíritu Santo (4:14); el hecho de que el reino de Dios está aquí y pertenece a Sus hijos (12:32); el cuidado y la ayuda de Jesús hacia los pobres y los desfavorecidos (6:17–19); y la importancia de la oración (18:1), ya que Él registra más instancias de oración que los otros tres Evangelios.

La palabra *evangelio* (que significa «buenas noticias») se refiere al nacimiento del verdadero rey, uno que vino primero para ser un siervo humilde y salvador, y quien reinará como el rey legítimo de todos para siempre.

BOSQUEJO

- Nacimiento e infancia de Jesús (1–2)
- Juan el Bautista prepara el camino (3–4)
- Jesús en Galilea (5–9)
- Jesús de camino a Jerusalén (10–18)
- Jesús en Jerusalén (19–24)

VERSÍCULO CLAVE

«Pero el ángel les dijo: "No tengan miedo. Miren que les traigo buenas noticias que serán motivo de mucha alegría para todo el pueblo. Hoy les ha nacido en la ciudad de David un Salvador, que es Cristo el Señor"» —Lucas 2:10–11.

JUAN

JESÚS, EL HIJO DE DIOS

ESCRITO c. 85–95 d.C. por Juan, uno de los doce discípulos de Jesús y el autor de 1, 2 y 3 Juan y Apocalipsis, a una audiencia judía y gentil

PROPÓSITO Mostrar a Jesús como el Hijo de Dios, el Verbo hecho carne, quien ofrece vida eterna a todos los que creen en Él.

RESUMEN Juan nos dice: «Pero éstas se han escrito para que ustedes crean que Jesús es el Cristo, el Hijo de Dios, y para que al creer en Su nombre tengan vida» (20:31). El evangelio de Juan nos enseña quién es Jesús, y que al poner nuestra fe en Él tenemos vida eterna.

> La expresión *Hijo de Dios* se remonta al rey David. Inicialmente, llamar a Jesús «el Hijo de Dios» significaba que era el rey de Israel, descendiente de David, el Mesías. Pero Jesús no solo es el rey de Israel. Él es el Rey de reyes y Dios mismo hecho carne.

BOSQUEJO

- El Verbo de Dios (el Hijo) se hace carne (1)
- Primer año del ministerio de Jesús (primera Pascua) (2–4)
- Segundo año del ministerio de Jesús (segunda Pascua) (5)
- Tercer año del ministerio de Jesús (tercera Pascua) (6–11)
- Última Pascua (12–19)
- Resurrección y apariciones de Jesús (20–21)

VERSÍCULO CLAVE

«Porque tanto amó Dios al mundo, que dio a su Hijo unigénito, para que todo el que cree en Él no se pierda, sino que tenga vida eterna» —Juan 3:16.

El Libro de Hechos

El Libro de Hechos es una continuación natural de los Evangelios. Las buenas noticias de Jesús continúan en la obra de los discípulos de Jesús, primero en Jerusalén y luego a través del mundo. Similar a los libros históricos en el Antiguo Testamento, Hechos ofrece identidad al pueblo de Dios hoy, al mostrarnos cómo la misión de Dios se extendió a todos los pueblos y las naciones.

La propagación del cristianismo en el primer siglo d.C.

HECHOS

LA HISTORIA DE LA IGLESIA PRIMITIVA

ESCRITO c. 60–62 d.C. por Lucas (también el autor del Evangelio de Lucas), es probable que fuera médico y un gentil, compañero de viaje de Pablo, a una audiencia gentil

PROPÓSITO Registrar cómo actuó el Espíritu Santo a través de los creyentes para difundir la Palabra de Dios.

RESUMEN El Libro de Hechos comienza donde termina el Evangelio de Lucas, con la resurrección y la ascensión de Jesús al cielo. Hechos relata la historia de lo que hicieron los discípulos en respuesta a la comisión de Jesús de ser Sus testigos (Hech. 1:4–5, 8). Los eventos en Hechos muestran cómo la obra del Espíritu Santo en la vida de los creyentes (la Iglesia) difunde las buenas noticias de salvación en Jesús.

Pentecostés

Pentecostés era una fiesta que conmemoraba el recibimiento de la Ley, que dio al pueblo de Dios guía, identidad, fuerza, instrucción, consuelo y luz. En esa fiesta los discípulos recibieron el Espíritu Santo, quien enseñaría, guiaría, consolaría, fortalecería y daría luz al pueblo de Dios, la Iglesia.

BOSQUEJO

- Misión en Jerusalén (1–7)
- Misión en Judea y Samaria (8–12)
- Misión más allá de Jerusalén (13–28)

VERSÍCULO CLAVE

«Pero cuando venga el Espíritu Santo sobre ustedes, recibirán poder y serán mis testigos tanto en Jerusalén como en toda Judea y Samaria, y hasta los confines de la tierra» —Hechos 1:8.

Epístolas

Las epístolas (o cartas) forman veintiuno de los veintisiete libros del Nuevo Testamento. Las epístolas explican los efectos del ministerio de Jesús, la venida del Espíritu Santo y la propagación del evangelio.

Por lo general, las epístolas se agrupan en dos secciones:

- Las epístolas de Pablo son las trece cartas escritas por el apóstol Pablo (desde Romanos hasta Filemón).
- Las epístolas generales son las ocho cartas escritas por otros apóstoles o líderes de la iglesia primitiva (desde Hebreos hasta Judas).

EPÍSTOLA	AUTOR	FECHA	AUDIENCIA
Santiago	Santiago	49	Judíos cristianos en y alrededor de Jerusalén
Gálatas	Pablo	48–49	Iglesias en la provincia romana de Galacia
1 Tesalonicenses	Pablo	50–52	La iglesia en la ciudad de Tesalónica
2 Tesalonicenses	Pablo	50–52	La iglesia en la ciudad de Tesalónica
1 Corintios	Pablo	55–56	La iglesia en la ciudad portuaria de Corinto
2 Corintios	Pablo	56	La iglesia en la ciudad portuaria de Corinto
Romanos	Pablo	57	La iglesia en Roma
Filipenses	Pablo	60–62	La iglesia en la importante ciudad colonial romana de Filipos

EPÍSTOLA	AUTOR	FECHA	AUDIENCIA
Colosenses	Pablo	60–62	La iglesia en Colosas (actual Turquía)
Filemón	Pablo	60–62	Filemón, líder de la iglesia en Colosas
Efesios	Pablo	60–62	La iglesia en el centro cultural helenista de Éfeso
1 Timoteo	Pablo	62–66	Timoteo, uno de los discípulos de Pablo, quien ministraba en Éfeso
Tito	Pablo	64–66	Tito, uno de los discípulos de Pablo, quien ministraba en la isla de Creta.
1 Pedro	Pedro	64–65	Las iglesias en las provincias romanas de Asia Menor (actual Turquía)
2 Pedro	Pedro	64–65	Las iglesias en las provincias romanas de Asia Menor (actual Turquía)
2 Timoteo	Pablo	66–67	Timoteo, uno de los discípulos de Pablo, quien ministraba en Éfeso
Judas	Judas	años 60–80	Anónimo. Quizás está dirigida a cristianos judíos.
Hebreos	Anónimo	60–69	Cristianos judíos
1 Juan	Juan	85–95	Iglesias en Asia Menor
2 Juan	Juan	85–95	Probablemente a una iglesia de hogar en Asia Menor
3 Juan	Juan	85–95	Gayo, un cristiano en una iglesia en Asia Menor

Enseñanzas principales de Pablo

Las trece epístolas del apóstol Pablo contienen debates esenciales sobre una amplia variedad de temas. Aquí hay algunas de esas enseñanzas principales.

El **PECADO** es la condición humana universal.	«Pues todos han pecado y están privados de la gloria de Dios», Romanos 3:23; también Romanos 1:18–32.
La **LEY** revela nuestro pecado	«...mediante la ley cobramos conciencia del pecado», Romanos 3:20; también Romanos 1:28; Gálatas 3:1–14, 21–22.
La **JUSTIFICACIÓN** se obtiene a través de la fe en Cristo.	«...nadie es justificado por las obras que demanda la ley sino por la fe en Jesucristo», Gálatas 2:16; también Romanos 5:1.
La **GRACIA** de Dios nos salva.	«Porque por gracia ustedes han sido salvados», Efesios 2:8; también Romanos 5:20.
La **JUSTICIA** es otorgada por Dios.	«Esta justicia de Dios llega, mediante la fe en Jesucristo, a todos los que creen», Romanos 3:22; también Gálatas 5:5–6; Filipenses 3:9.
CRISTO es Señor sobre todo.	«...no hay más que un solo Señor, es decir, Jesucristo», 1 Corintios 8:6; también Colosenses 1:15–20.
El **ESPÍRITU SANTO** es el guía de los creyentes.	«Si el Espíritu nos da vida, andemos guiados por el Espíritu», Gálatas 5:25; también Romanos 8:1–17; 2 Corintios 5:5.
La **IGLESIA** es diversa pero está unida.	«Ahora bien, ustedes son el cuerpo de Cristo, y cada uno es miembro de ese cuerpo», 1 Corintios 12:27; también Gálatas 3:28.
La **ORACIÓN** es esencial para todos los creyentes.	«...con oración y ruego, presenten sus peticiones a Dios y denle gracias», Filipenses 4:6; también Colosenses 4:2; 1 Tesalonicenses 5:17.
El **AMOR** es la virtud más importante.	«Ahora, pues, permanecen estas tres virtudes: la fe, la esperanza y el amor. Pero la más excelente de ellas es el amor», 1 Corintios 13:13; también Colosenses 3:14.

ROMANOS

UNA CARTA SOBRE EL PODER DEL EVANGELIO

ESCRITO c. 57 d.C. por el apóstol Pablo a los cristianos en Roma

PROPÓSITO Enseñar sobre la ley, la fe, la salvación y la vida piadosa.

RESUMEN La epístola a los Romanos es la carta más compleja desde un punto de vista teológico escrita por Pablo. Se detallan temas cruciales de la fe cristiana. Pero también es una carta personal. Pablo manda saludos y anima a los creyentes en Roma a unirse y vivir sabiamente.

BOSQUEJO

- El poder del evangelio (1–8)
- Israel y el evangelio (9–11)
- El evangelio en la vida de los creyentes (12–16)

El encuentro de Pablo con Cristo en Hechos 9 lo colocó en un camino totalmente nuevo. Pasó de perseguir a los cristianos de forma despiadada a ser el misionero cristiano más grande de todos los tiempos. Escribió más libros de la Biblia que todos los demás autores. Al final, su fe le costó la vida. Según la tradición, Pablo (junto al apóstol Pedro) fue martirizado en Roma bajo la persecución del emperador Nerón a los cristianos en los años 64 -68 d.C.

JESÚS EN ROMANOS La carta incluye la presentación del evangelio por parte de Pablo. Jesús es la figura central y el clímax de la historia del evangelio. En su carta, Pablo presenta el poder de Dios a través de Jesús: Su plena gracia mostrada en Su sacrificio, y Su justicia cumplida en Su muerte y Su resurrección.

VERSÍCULO CLAVE

«No se amolden al mundo actual, sino sean transformados mediante la renovación de su mente. Así podrán comprobar cuál es la voluntad de Dios, buena, agradable y perfecta» —Romanos 12:2.

1 CORINTIOS

UNA CARTA PARA ACLARAR MALENTENDIDOS

ESCRITO c. 55–56 d.C. por el apóstol Pablo a los cristianos en Corinto

PROPÓSITO Enfrentar las divisiones y la inmoralidad en la iglesia, y animar a los creyentes a amarse unos a otros.

RESUMEN Había mucha confusión en la iglesia de Corinto (5:9–10). Pablo escribió esta carta para responder preguntas sobre los asuntos que ellos enfrentaban, incluyendo la consciencia cristiana, la conducta sexual, los dones espirituales, el amor y la resurrección.

BOSQUEJO

- Divisiones (1–4)
- Moralidad (5–11)
- Doctrina (12–15)
- Saludos finales (16)

JESÚS EN 1 CORINTIOS La resurrección de Jesús es el centro de la proclamación cristiana de las buenas nuevas y de nuestra fe. Su resurrección nos da esperanza en tiempos inciertos, coraje para los tiempos de pruebas y guía cuando nos sentimos desorientados.

VERSÍCULO CLAVE

«El amor es paciente, es bondadoso. El amor no es envidioso ni jactancioso ni orgulloso» —1 Corintios 13:4.

Testigos de la resurrección de Jesús

Pablo enumera a los testigos presenciales de la resurrección de Jesús en 1 Corintios 15. Junto con la información de los Evangelios y Hechos, hubo al menos once apariciones separadas a más de 500 individuos.

REFERENCIA	TESTIGOS
Juan 20:1–18	María Magdalena
Mateo 28:8–10; Marcos 16:1; Lucas 24:10	La mujer (probablemente María Magdalena, María la madre de Jacobo y Salomé, Juana, y otras).
1 Corintios 15:5	Pedro
Lucas 24:36–49; Juan 20:19–25	Los Doce excepto Tomás
1 Corintios 15:5 (probablemente el mismo que Juan 20:26–29)	Los Doce
Lucas 24:13–35	Dos discípulos en el camino a Emaús
Juan 21:1–25	Siete que pescaban en el mar de Galilea
1 Corintios 15:6	Quinientos creyentes
1 Corintios 15:7	Jacobo el hermano del Señor
1 Corintios 15:7 (ver también Marcos 16:19–20; Lucas 24:50–53; Hechos 1:9–11, 21–22)	Todos los apóstoles
1 Corintios 15:8 (ver también Hechos 9:1–19; 22:1–18; 26:12–18)	Pablo en el camino a Damasco

2 CORINTIOS

LA CARTA MÁS PERSONAL DE PABLO

ESCRITO c. 56 d.C. por el apóstol Pablo a los cristianos en Corinto

PROPÓSITO Defender el llamamiento de Pablo como apóstol y enfrentar a los engañadores.

RESUMEN En esta carta, Pablo refuerza lo que escribió en 1 Corintios y luego ofrece una defensa apasionada de su ministerio ante muchos ataques.

BOSQUEJO

- Apostolado (1–7)
- Ofrendas sacrificiales (8–9)
- Falsos apóstoles (10–12)
- Saludos finales (13)

JESÚS EN 2 CORINTIOS

El ministerio del apóstol Pablo fue modelado según el propio ministerio de reconciliación de Jesús. En la debilidad de Pablo, la gloria de Cristo se muestra con más plenitud. Jesús brilló en el sufrimiento de Pablo, fue revelado en su predicación, y fue glorificado en su ministerio.

¿Quién era Pablo?

Pablo fue un enemigo tiránico del cristianismo, quien de forma sorprendente se convirtió en el misionero más grande de todos los tiempos. Escribió más libros de la Biblia que cualquier otro autor y se le conoce como «el apóstol de los gentiles».

VERSÍCULO CLAVE

«Bástate mi gracia; porque mi poder se perfecciona en la debilidad» —2 Corintios 12:9.

GÁLATAS

UNA CARTA SOBRE LA JUSTIFICACIÓN POR LA FE

ESCRITO c. 48–49 d.C. por el apóstol Pablo a los cristianos en Galacia

PROPÓSITO Advertir contra el legalismo y defender la justificación por la fe.

RESUMEN Pablo defiende su autoridad como apóstol y sostiene que el verdadero evangelio enseña que la justificación es por la fe, contrario a lo que algunos falsos predicadores estaban enseñando en la iglesia. Él incita a los creyentes a usar su libertad en Cristo para andar en el Espíritu y no en los deseos pecaminosos de la carne.

BOSQUEJO

- Defensa de Pablo (1-2)
- La justificación por fe (3–4)
- Vivir por el Espíritu (5–6)

JESÚS EN GÁLATAS Por la gracia de Dios, Jesús murió para que todo el que cree en Él sea salvo. Sugerir que uno es justificado por algo más que no sea la fe en Jesús es corromper la gracia de Dios que es Jesucristo, Su muerte y Su resurrección.

VERSÍCULO CLAVE

«Mas el fruto del Espíritu es amor, gozo, paz, paciencia, benignidad, bondad, fe, mansedumbre, templanza; contra tales cosas no hay ley» —Gálatas 5:22–23.

EFESIOS

UNA CARTA SOBRE LA VIDA QUE AGRADA A DIOS

ESCRITO c. 60–62 d.C. por el apóstol Pablo a los cristianos en Éfeso

PROPÓSITO Mostrar a los creyentes lo que significa ser un seguidor de Cristo y animarlos en su caminar espiritual.

RESUMEN Desde una prisión en Roma, Pablo alienta a los creyentes en Éfeso, mientras enfrentan una terrible presión a sucumbir en la pecaminosidad de su entorno. Éfeso, una ciudad cosmopolita con judíos, griegos y romanos, era conocida por sus muchos cultos paganos.

BOSQUEJO

- Gracia (1)
- Reconciliación (2–3)
- Vida cristiana (4–6)

JESÚS EN GÁLATAS Pablo describe la iglesia como el cuerpo de Cristo. Nuestra identidad como creyentes viene de permanecer *en* Cristo y *con* Cristo. Jesús es el centro de la identidad, la actividad y el futuro de la iglesia. Dios ha equipado a todos los creyentes para servir a Cristo en el mundo.

VERSÍCULO CLAVE
«Porque por gracia sois salvos por medio de la fe; y esto no de vosotros, pues es don de Dios» —Efesios 2:8.

Las riquezas de Dios para los creyentes

En sus muchas cartas, Pablo a menudo usa la frase «en Cristo». La carta de Efesios contiene la mayoría de los ejemplos. Las frases «con Cristo» y «por medio de Cristo» también se usan.

En Cristo, los creyentes:

- Tienen reservada toda bendición espiritual en el cielo (1:3).
- Son elegidos antes de la creación del mundo para ser santos y sin mancha (1:4, 11).
- Son predestinados para ser adoptados como hijos de Dios (1:5, 11).
- Se les da gracia, tienen redención y perdón, y reciben sabiduría (1:6–8).
- Están marcados con el sello de Dios del Espíritu Santo de la promesa como garantía (1:13–14).
- Tienen el poder de la resurrección (1:19–20).
- Son vivificados (2:5).
- Son nuevas criaturas (2:10, 15–16).
- Son acercados a Dios (2:13).
- Tienen acceso al Padre a través del Espíritu (2:18).
- Son edificados y unidos en un templo espiritual (2:21-22).
- Pueden acercarse a Dios con libertad y confianza (3:12).

FILIPENSES

UNA CARTA SOBRE VIVIR COMO CRISTO

ESCRITO c. 60–62 d.C. por el apóstol Pablo a los cristianos en Filipos

PROPÓSITO Expresar el amor y el afecto de Pablo por los creyentes.

RESUMEN Bajo arresto domiciliario en Roma, Pablo alienta a los creyentes a tener el «sentir que hubo también en Cristo Jesús» (2:5, RVR1960) y aprender a vivir en humildad, para que haya unidad en la iglesia.

BOSQUEJO

- Encarcelamiento de Pablo (1)
- Vivir humildemente como Cristo (2)
- Aliento para seguir hacia adelante (3)
- Petición de unidad (4)

JESÚS EN FILIPENSES La visión que Pablo ofrece de Jesús en esta carta es impresionante. El glorioso Señor se humilló a Sí mismo para convertirse en uno de nosotros. Tal humildad se demuestra mejor en Su obediencia, que lo llevó a una muerte espantosa. Sin embargo, Dios lo levantó (lo exaltó) de Su humillación y lo puso por encima de todas las cosas.

VERSÍCULO CLAVE

«Estoy convencido de esto: el que comenzó tan buena obra en ustedes la irá perfeccionando hasta el día de Cristo Jesús» —Filipenses 1:6.

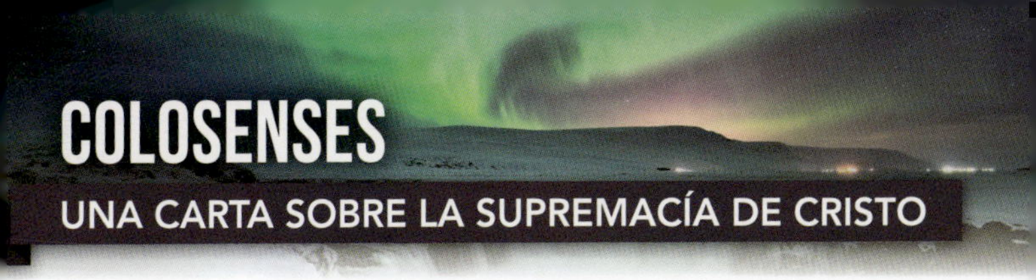

COLOSENSES

UNA CARTA SOBRE LA SUPREMACÍA DE CRISTO

ESCRITO c. 60–62 d.C. por el apóstol Pablo a los cristianos en Colosas

PROPÓSITO Contrarrestar las falsas enseñanzas sobre Cristo y animar a los creyentes.

RESUMEN La iglesia en Colosas estaba lidiando con falsas enseñanzas, incluyendo el legalismo de exigir a los cristianos gentiles que guardaran las leyes religiosas judías. Pablo desmiente las falsas enseñanzas al enfatizar la supremacía de Cristo sobre todas las acciones y las filosofías humanas.

BOSQUEJO

- Supremacía de Cristo (1)
- Libertad en Cristo (2)
- Vida cristiana (3–4)

JESÚS EN COLOSENSES La epístola a los Colosenses enfatiza la divinidad de Jesús de una forma maravillosa: «Él [el Hijo] es la imagen del Dios invisible» (1:15). Puesto que Jesús es Dios, Él es el centro de todo el universo, y a través de Él, Dios está reconciliando «consigo todas las cosas, tanto las que están en la tierra como las que están en el cielo, haciendo la paz mediante la sangre que derramó en la cruz» (1:20).

VERSÍCULO CLAVE

«Toda la plenitud de la divinidad habita en forma corporal en Cristo; y en Él, que es la cabeza de todo poder y autoridad, ustedes han recibido esa plenitud» —Colosenses 2:9–10.

1 TESALONICENSES

UNA CARTA SOBRE LA ESPERANZA EN MEDIO DE LA PERSECUCIÓN

ESCRITO c. 50–52 d.C. por el apóstol Pablo a los cristianos en Tesalónica

PROPÓSITO Expresar la preocupación de Pablo por los creyentes y animarlos.

RESUMEN Pablo y Silas, al enfrentar una persecución violenta en Tesalónica, se vieron forzados a huir de la ciudad (Hech. 17:1–10). No es de sorprender que Pablo toma los primeros tres capítulos de esta carta para explicar sus acciones y su ausencia. Pablo entonces anima a los creyentes a vivir vidas santas, a pesar de la persecución, porque Cristo viene otra vez.

BOSQUEJO

- Acciones y ausencia de Pablo (1–3)
- Los creyentes que han muerto (4)
- El día del Señor (5)

VERSÍCULO CLAVE «El Señor mismo descenderá del cielo [...] con trompeta de Dios, y los muertos en Cristo resucitarán primero» —1 Tesalonicenses 4:16.

Jesús en 1 y 2 Tesalonicenses

Jesús les dijo a Sus discípulos que vendría otra vez. Un día, habrá un cielo nuevo y una tierra nueva. Cuando Jesús regrese, estaremos en la presencia de Dios para siempre y Él «enjugará toda lágrima de [nuestros] ojos» (Apocalipsis 21:4).

Cuando Cristo regrese, pondrá fin a todo el sufrimiento y la persecución que enfrentamos ahora. Jesús nos promete que el Espíritu Santo nos

2 TESALONICENSES

UNA CARTA SOBRE ESTAR PREPARADOS

ESCRITO c. 50–52 d.C. por el apóstol Pablo a los cristianos en Tesalónica

PROPÓSITO Enfatizar la importancia de estar preparados para la venida de Cristo.

RESUMEN Escrita alrededor de seis meses después de la primera carta de Pablo a los tesalonicenses, esta segunda carta retoma muchos temas de la primera. Pablo también advierte a los creyentes a no ser perezosos, pues todos deben estar preparados para el regreso de Cristo.

BOSQUEJO

- Acción de gracias y oración (1)
- Estar firmes (2)
- Advertencias contra la pereza (3)

VERSÍCULO CLAVE

«Así que, hermanos, sigan firmes y manténganse fieles a las enseñanzas que, oralmente o por carta, les hemos transmitido» —2 Tesalonicenses 2:15.

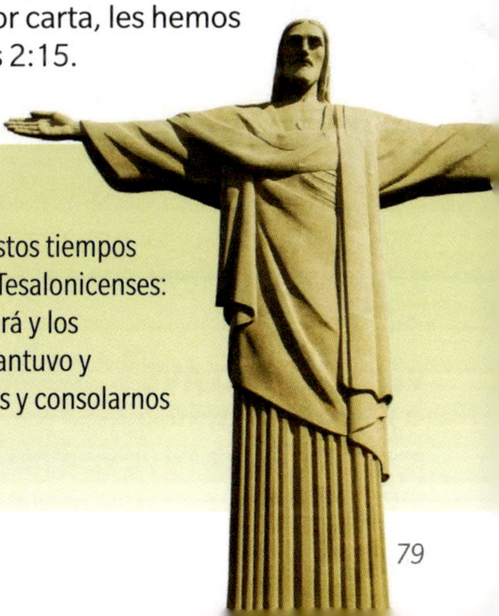

consolará y fortalecerá en medio de estos tiempos difíciles (Juan 14). Pablo escribe en 2 Tesalonicenses: «Pero el Señor es fiel, y él los fortalecerá y los protegerá del maligno» (3:3). Jesús mantuvo y mantiene Su promesa de fortalecernos y consolarnos hasta el día de Su segunda venida.

1 TIMOTEO

INSTRUCCIONES PARA GUIAR LA IGLESIA

ESCRITO c. 62–66 d.C. por el apóstol Pablo a Timoteo, un joven pastor en Éfeso

PROPÓSITO Eliminar falsas doctrinas y proponer un liderazgo adecuado en la iglesia.

RESUMEN En esta carta, Pablo da instrucciones a Timoteo, un joven pastor que lidiaba con falsas enseñanzas dentro de la iglesia en Éfeso.

Timoteo, cuyo padre era griego y su madre una cristiana judía, viajó con Pablo en su segundo viaje misionero (Hechos 16:1–5). Pablo habló con mucha estima de Timoteo diciendo: «No tengo a nadie más que, como él, se preocupe de veras por el bienestar de ustedes» (Fil. 2:20).

BOSQUEJO

- Adoración apropiada (1–3)
- Doctrina correcta (4)
- Trato con los miembros de la iglesia (5)
- Instrucciones finales (6)

JESÚS EN 1 TIMOTEO

La epístola a Timoteo es una carta práctica sobre la Iglesia, en especial su vida y sus enseñanzas. Jesús es nuestro Salvador, nuestro Mediador, y el Señor de la Iglesia. Toda la adoración y la organización dentro del cuerpo está bajo el Señorío de Jesús.

VERSÍCULO CLAVE

«Que nadie te menosprecie por ser joven. Al contrario, que los creyentes vean en ti un ejemplo a seguir en la manera de hablar, en la conducta, y en amor, fe y pureza» —1 Timoteo 4:12.

2 TIMOTEO

UNA CARTA SOBRE LA PERSEVERANCIA

ESCRITO c. 66–67 d.C. por el apóstol Pablo a Timoteo, un joven pastor en Éfeso

PROPÓSITO Animar a Timoteo a permanecer fiel en el ministerio aún en medio del sufrimiento.

RESUMEN Escrita desde la prisión en Roma, esta segunda epístola a Timoteo es quizás la última carta de Pablo. El apóstol anima al joven pastor a perseverar en la predicación del evangelio en medio de la adversidad, y a aferrarse a la Palabra y guardar el evangelio de falsas enseñanzas.

BOSQUEJO

- El evangelio (1)
- Falsos maestros (2)
- Predicar la Palabra de Dios (3)
- Instrucciones finales (4)

JESÚS EN 2 TIMOTEO La gloria eterna es la recompensa para todos los que tienen fe en Cristo, quien murió y resucitó de entre los muertos. Jesús es el juez justo de todos (2 Tim. 4:1, 8). Los que soportan el sufrimiento por el bien del evangelio algún día serán recompensados; aquellos que viven vidas inmorales y causan sufrimiento a los creyentes serán castigados.

VERSÍCULO CLAVE

"«Toda la Escritura es inspirada por Dios y útil para enseñar, para reprender, para corregir y para instruir en la justicia»
—2 Timoteo 3:16.

TITO

INSTRUCCIONES PARA EL LIDERAZGO DE LA IGLESIA Y LA VIDA RECTA

ESCRITO c. 64–66 d.C. por el apóstol Pablo a Tito, un pastor en Creta

PROPÓSITO Alentar a los cristianos a hacer buenas obras.

RESUMEN Tito fue un converso gentil que viajó con Pablo a Jerusalén (Gál. 2:1–5). Pablo dejó a Tito a cargo de las iglesias en la isla de Creta. Esta carta proporciona instrucciones sobre el liderazgo responsable de la iglesia, la doctrina correcta y la vida piadosa.

BOSQUEJO

- Nombramiento de ancianos (1)
- Hacer buenas obras (2–3)

JESÚS EN TITO En su consejo a Tito, Pablo nos recuerda que Jesús es el centro del evangelio. Jesús es nuestro Salvador, nuestra bendita esperanza y Señor. Ya no nos suscribimos a las formas del mundo. Cuando profesamos nuestra fe en Jesús, nuestras vidas deben alinearse de acuerdo a esa creencia.

VERSÍCULO CLAVE

«Dios nuestro Salvador, Él nos salvó, no por nuestras propias obras de justicia sino por Su misericordia» —Tito 3:4–5.

FILEMÓN

UN LLAMADO A LA RECONCILIACIÓN

ESCRITO c. 60–62 d.C. por el apóstol Pablo a Filemón en Colosas

PROPÓSITO Pedirle a Filemón que perdone y acepte a Onésimo.

RESUMEN Filemón, un líder en la iglesia de Colosas, era el dueño de un esclavo fugitivo llamado Onésimo. Luego, después de conocer a Pablo y hacerse cristiano, Onésimo quiso reconciliarse con su antiguo amo «ya no como esclavo, sino como algo mejor: como a un hermano querido» (versículo 16).

BOSQUEJO (versículos)

- Pablo felicita a Filemón (1–7)
- Apelación de Pablo a Filemón (8–22)
- Saludos finales (23–25)

JESÚS EN FILEMÓN Jesús expresó: «Yo he venido para que tengan vida, y la tengan en abundancia» (Juan 10:10). Jesús murió para proporcionar vida y libertad a todas las personas, para que no haya «ni esclavo ni libre, sino que Cristo es todo y está en todos» (Col. 3:11).

VERSÍCULO CLAVE

«Tal vez por eso Onésimo se alejó de ti por algún tiempo, para que ahora lo recibas para siempre, ya no como a esclavo, sino como algo mejor: como a un hermano» —Filemón 15–16.

HEBREOS

UN PACTO SUPERIOR

ESCRITO c. 60–69 d.C. por un autor anónimo a una audiencia judeocristiana

PROPÓSITO Destacar la superioridad de Cristo sobre el antiguo pacto.

RESUMEN Jesucristo es superior a los ángeles, a los profetas del Antiguo Testamento, a Moisés, al sacerdocio y al sistema de sacrificios. Este es el mensaje de Hebreos. La muerte de Jesús en la cruz completó el Antiguo Testamento. Jesús lleva a Sus seguidores al descanso de Dios, y este es un camino de fe (ver capítulo 11).

BOSQUEJO

- La supremacía de Cristo (1–4)
- El nuevo pacto (5–10)
- La vida de fe (11–13)

JESÚS EN HEBREOS Jesús es el mediador supremo y superior, el Sumo Sacerdote sin pecado. Ya no hay necesidad de sacrificios repetidos porque Jesús es el único sacrificio. El sacrificio de Jesús ofrece acceso al santo Dios a todos los que creen en Él.

VERSÍCULO CLAVE

«...corramos con perseverancia la carrera que tenemos por delante. Fijemos la mirada en Jesús, el iniciador y perfeccionador de nuestra fe...» —Hebreos 12:1–2.

HÉROES DE LA FE EN HEBREOS 11

«Ahora bien, la fe es la garantía de lo que se espera, la certeza de lo que no se ve. Gracias a ella fueron aprobados los antiguos» —Hebreos 11:1–2.

NOMBRE	POR LA FE...	REFERENCIA EN HEBREOS
ABEL	Ofreció a Dios un sacrificio aceptable.	11:4
ENOC	Agradó a Dios y fue arrebatado a Su presencia.	11:5
NOÉ	Construyó el arca.	11:7
ABRAHAM	Obedeció a Dios y creyó Sus promesas.	11:8–19
SARA	Recibió fuerza para tener hijos.	11:11
ISAAC	Bendijo el futuro de sus hijos.	11:20
JACOB	Bendijo a cada uno de los hijos de José.	11:21
JOSÉ	Se refirió al éxodo de forma profética.	11:22
MOISÉS	Celebró la primera Pascua.	11:23–28
RAHAB	Mantuvo a salvo a los espías.	11:31
GEDEÓN	Ganó una gran batalla.	11:32–40
BARAK	Ganó una gran batalla.	11:32–40
SANSÓN	Peleó contra los filisteos.	11:32–40
JEFTÉ	Ganó una gran batalla.	11:32–40
DAVID	Fue un hombre conforme al corazón de Dios.	11:32–40
SAMUEL	Fue un profeta y juez de Israel.	11:32–40

SANTIAGO

UNA CARTA SOBRE TENER UNA FE VIVA

ESCRITO c. 49 d.C. por Santiago a una audiencia judeocristiana

PROPÓSITO Animar a los creyentes a tener una fe activa.

RESUMEN Santiago se dirige a cristianos que se habían vuelto arrogantes: mostraban favoritismo hacia los ricos, usaban sus palabras para dañar a otros, y habían dejado de servir a los necesitados. Aunque la salvación es por la fe en Jesús, Santiago les recuerda a los lectores que tener fe no excusa a nadie de vivir esa fe al hacer las buenas obras que Dios nos ha llamado a hacer.

Santiago era medio hermano de Jesús (mencionado en Gálatas 1:19) quien fue martirizado en Jerusalén por su fe en el año 62 d.C.

BOSQUEJO

- Perseverancia (1)
- Favoritismo (2:1–13)
- Fe y obras (2:14–26)
- Palabras y sabiduría (3)
- Humildad (4)
- Paciencia y oración (5)

JESÚS EN SANTIAGO Aunque la carta de Santiago menciona a Jesús solo dos veces (1:1; 2:1), el maravilloso Sermón del Monte dado por Jesús en el evangelio de Mateo brilla a lo largo de toda la epístola.

VERSÍCULO CLAVE

«Así, pues, como el cuerpo sin el espíritu está muerto, así también la fe sin obras está muerta» —Santiago 2:26.

El uso que hace Santiago del Sermón del Monte

SANTIAGO	ENSEÑANZA	MATEO
1:2	Gozo en medio de las pruebas	5:10–12
1:4	Exhortación a ser perfectos	5:48
1:5	Pedir a Dios las cosas buenas	7:7–11
1:17	Dios es el dador de toda buena dádiva	7:11
1:20	Advertencias contra la ira	5:22
1:22	Ser oidores y hacedores de la Palabra	7:24–27
2:5	Los pobres heredarán el reino	5:3, 5
2:10	Guardar toda la ley	5:19
2:13	Ser misericordiosos para recibir misericordia	5:7
3:12	Ser conocidos por nuestros frutos	7:16–20
3:18	Las bendiciones de los pacificadores	5:9
4:2–3	Pide y recibirás	7:7–8
4:4	El servicio a Dios frente a la amistad con el mundo	6:24
4:9–10	Consuelo para los que lloran	5:4
4:11–12	Advertencias contra juzgar a otros	7:1–5
4:13–14	Vivir un día a la vez	6:34
5:2–5	La polilla y el óxido destruyen los tesoros terrenales	6:19

1 PEDRO

UNA CARTA SOBRE EL SUFRIMIENTO

ESCRITO c. 64–65 d.C. por el apóstol Pedro a los cristianos en Asia Menor (actual Turquía)

PROPÓSITO Llamar a los cristianos a vivir de una manera santa aun ante el sufrimiento.

RESUMEN Como la persecución a los cristianos aumentó en el tiempo de los apóstoles, esta carta alienta a ser fieles y a vivir como Cristo aun en medio de las circunstancias más difíciles.

BOSQUEJO

- Bendiciones (1)
- Relaciones (2)
- Sufrimiento (3)
- Santidad (4)
- Estar firmes (5)

VERSÍCULO CLAVE

«Más bien, sean ustedes santos en todo lo que hagan, como también es santo quien los llamó»
—1 Pedro 1:15.

Pedro, uno de los doce discípulos de Jesús, fue un pescador que se convirtió en líder principal de la iglesia primitiva. Se cree que fue crucificado por su fe durante la persecución del emperador Nerón a los cristianos en Roma, en los años 64–68 d.C.

2 PEDRO

UNA CARTA SOBRE CONFIAR EN LAS PROFECÍAS Y EN LAS PROMESAS DE DIOS

ESCRITO c. 64–65 d.C. por el apóstol Pedro a los cristianos (probablemente en Asia Menor)

PROPÓSITO Instar a los creyentes a no vacilar en su fe.

RESUMEN Esta segunda carta advierte a los creyentes contra los falsos maestros, los anima a crecer fuertes en su fe, y los instruye sobre el prometido regreso de Jesús. Pedro destaca que la palabra profética y el testimonio apostólico no son creaciones humanas, sino testimonios confiables.

BOSQUEJO

- Nuestro llamamiento (1)
- Falsos maestros (2)
- El día del Señor (3)

VERSÍCULO CLAVE

«Porque la profecía no ha tenido su origen en la voluntad humana, sino que los profetas hablaron de parte de Dios, impulsados por el Espíritu Santo» —2 Pedro 1:21.

Jesús en 1 y 2 Pedro

Jesús dio Su vida por nosotros; Él conoce el sufrimiento. Dios está con nosotros, aun en tiempos en que nos sentimos solos y derrotados. Saber que Jesús regresará nos da esperanza para continuar siendo fieles y obedientes a Dios. Cuando Jesús regrese, todo nuestro dolor y sufrimiento será redimido y estaremos con Él para siempre.

1 JUAN

UNA CARTA SOBRE EL AMOR

ESCRITO c. 85–95 d.C. por el apóstol Juan a los cristianos en Asia Menor

PROPÓSITO Enfatizar la humanidad y el amor de Jesús.

RESUMEN La más larga de las tres epístolas de Juan, esta carta se centra en el amor: el amor de Dios a través de Jesús y nuestro amor unos por otros. También refuta a los falsos maestros que proclamaban que Jesús solo era humano. Jesús fue de hecho completamente humano, y completamente Dios.

BOSQUEJO

- Luz, amor y verdad (1–3)
- Cristo en la carne (4)
- Guardar los mandamientos de Dios (5)

VERSÍCULO CLAVE

«En esto conocemos lo que es el amor: en que Jesucristo entregó Su vida por nosotros. Así también nosotros debemos entregar la vida por nuestros hermanos» —1 Juan 3:16.

Juan, el apóstol

Juan, el hermano más joven del apóstol Jacobo, se le llamaba el «discípulo a quien Jesús amaba» (Juan 13:23). Escribió tres epístolas, el Evangelio de Juan y Apocalipsis. Las historias sugieren que murió de causas naturales en Éfeso alrededor del año 100 d.C.

2 JUAN

UNA CARTA SOBRE EL DISCERNIMIENTO

ESCRITO c. 85–95 d.C. por el apóstol Juan a «la señora elegida» por Dios (1:1, RVR1960), probablemente una expresión que significa «la Iglesia».

PROPÓSITO Advertir a los creyentes a no caer en el engaño.

RESUMEN Los falsos maestros estaban corrompiendo el evangelio al negar que Jesús vino en carne. Esta breve carta les recuerda a los creyentes que el amor, que significa caminar bajo los preceptos de Dios, también incluye tener discernimiento para que los cristianos no sean engañados por falsas enseñanzas.

BOSQUEJO (versículos)

- Amor (1–6)
- Falsas enseñanzas (7–11)
- Saludos finales (12–13)

VERSÍCULO CLAVE

«En esto consiste el amor: en que pongamos en práctica Sus mandamientos» —2 Juan 6.

3 JUAN

UNA CARTA SOBRE AMAR A LOS DEMÁS POR ENCIMA DE UNO MISMO

ESCRITO c. 85–95 d.C. por el apóstol Juan a Gayo, un cristiano en Asia Menor

PROPÓSITO Alabar a Gayo por su lealtad y criticar a Diótrefes por su orgullo.

RESUMEN Esta tercera carta, el libro más corto del Nuevo Testamento, fue escrito para elogiar a Gayo por su amor, su fidelidad y su hospitalidad, pero también para denunciar a Diótrefes por actuar de una manera arrogante, por chismear y no querer recibir a otros creyentes.

BOSQUEJO (versículos)

- Juan elogia a Gayo (1–8)
- Juan reprende a Diótrefes (9–10)
- Saludos finales (11–14)

VERSÍCULO CLAVE

«Nada me produce más alegría que oír que mis hijos practican la verdad» —3 Juan 4.

Jesús en 1, 2 y 3 Juan

Jesús vino a este mundo en carne y murió para el perdón de los pecados y la salvación de aquellos que creen en Él. Cuando creemos en Jesús, somos adoptados en la familia de Dios. Somos los hijos amados de Dios; en calidad de Sus hijos, amamos y obedecemos a Dios nuestro Padre y amamos a nuestros hermanos y los tratamos con bondad y hospitalidad.

JUDAS

UNA CARTA SOBRE LUCHAR POR LA FE

ESCRITO c. 60–80 d.C. (fecha desconocida) por Judas a los cristianos en todas partes

PROPÓSITO Advertir contra los falsos maestros.

RESUMEN Judas, medio hermano de Jesús, mencionado en Mateo 13:55 escribió esta breve carta para alentar a los creyentes a «luchar por la fe» (versículo 3). Falsos maestros habían entrado a la iglesia tratando de «cambiar en libertinaje la gracia de nuestro Dios» (versículo 4).

BOSQUEJO (versículos)

- Saludos (1–4)
- Falsos maestros (5–19)
- Saludos finales (20–25)

JESÚS EN JUDAS Jesús nos protege y nos ayuda a alcanzar el objetivo de estar en Su presencia. Si bien nuestra tarea es permanecer alertas y cautelosos ante las falsas enseñanzas, Cristo nos da la fuerza para ser fieles.

VERSÍCULO CLAVE

«¡Al único Dios, nuestro Salvador, que puede guardarlos para que no caigan, y establecerlos sin tacha y con gran alegría ante Su gloriosa presencia!» —Judas 24.

El Libro de Apocalipsis

El Libro de Apocalipsis es un tipo de escritura conocida como literatura apocalíptica, la cual revela los planes de Dios que estaban escondidos para la humanidad. El mensaje se transmite a través de señales, símbolos, sueños y visiones.

A pesar de los muchos desacuerdos en cuanto al significado del Libro, hay acuerdos importantes entre los cristianos:

- El mensaje del Libro es relevante para los cristianos en la actualidad.
- El propósito del Libro es brindar esperanza y aliento para los creyentes.
- El Libro es claro en tres puntos:
    1. Cristo regresará y juzgará a la humanidad.
    2. Los poderes del mal están condenados ante Cristo.
    3. Dios promete un futuro maravilloso para todos los que creen en Él.

APOCALIPSIS

VISIONES QUE REVELAN LA GLORIA Y EL TRIUNFO DE DIOS

ESCRITO c. 85–95 d.C. por el apóstol Juan en la isla de Patmos a siete iglesias en Asia Menor (actual Turquía)

PROPÓSITO Dar esperanza a los cristianos perseguidos y ofrecer una visión del regreso de Cristo.

RESUMEN Los cristianos en la época de Juan enfrentaban una severa persecución. Los mensajes en Apocalipsis les recuerdan a los creyentes que aun cuando el mal parece tan fuerte, Dios tiene el control de la historia. Al final, Dios derrotará a Satanás y sus fuerzas. El Señor renovará Su creación y vivirá entre Su pueblo.

BOSQUEJO

- Visión de Cristo (1)
- Siete iglesias, sellos, trompetas, historias y copas (2–16).
- Caída de Babilonia (17–18)
- Visiones del fin (19–21)
- Invitación a venir (22)

JESÚS EN APOCALIPSIS En sus visiones del cielo, Juan ve a Jesús como Él es: el Señor ascendido y glorificado, quien es digno de toda adoración. Sus promesas de dar descanso y paz a Sus seguidores se cumplirán en los nuevos cielos y en la nueva tierra.

VERSÍCULO CLAVE

«El que da testimonio de estas cosas, dice: "Sí, vengo pronto". Amén. ¡Ven, Señor Jesús!» —Apocalipsis 2:20.

A TU ALCANCE

La serie *A tu alcance* te ayuda a encontrar rápidamente respuestas bíblicas a preguntas importantes. Estos manuales de tamaño bolsillo están llenos de explicaciones claras e información relevante que necesitas saber.

LOS LIBROS DE LA BIBLIA A TU ALCANCE
Resúmenes rápidos de los 66 libros de la Biblia

EL ESTUDIO DE LA BIBLIA A TU ALCANCE
Una guía paso a paso para estudiar la Palabra de Dios

LAS RELIGIONES DEL MUNDO A TU ALCANCE
30 religiones comparadas con el cristianismo

LA COMPRENSIÓN DEL ESPÍRITU SANTO A TU ALCANCE
Quién es el Espíritu Santo y qué hace

PATMOS